Bianca Maria Heinkel

Happy Birth Day

Bianca Maria Heinkel

Happy Birth Day

Wie wir mit HypnoBirthing
zu Stärke, Selbstvertrauen und
Gelassenheit finden

Mit Geburtsberichten,
die Ängste nehmen und Mut machen

Der Verlag behält sich die Verwertung des urheberrechtlich geschützten Inhalts dieses Werkes für Zwecke des Text- und Data-Minings nach § 44 b UrhG ausdrücklich vor. Jegliche unbefugte Nutzung ist hiermit ausgeschlossen.

Bildnachweis Innenteil
Bianca Maria Heinkel: 208
Nadine Clemens nach einer Vorlage von
Hypnobirthing Institut Deutschland: 37, 38
Nadine Clemens: 68
Shutterstock.com: Schmuckillustration zw. den Kapiteln 27, 32,
42, 45, 58, 61, 67, 79, 85, 87, 93, 102, 105, 112, 117, 126, 130, 134,
142, 14, 151, 167, 175, 185 (Wanchana365, Mallinka1, Mystery Kit);
96-97 (Mongkolchon Akesin); 154-155 (lzf); 189 (Bass Tatiana);
stock.adobe.com: 12 (Vad-Len); 23 (davide bonaldo);
50-51 (Zoran Zeremski); 170-171 (irena_geo); 192-193 (Oleg Breslavtsev);

Gedicht auf S. 6/7
Fotografie & Grafikdesign, Simone Knobloch, Schubertstr. 9,
79268 Bötzingen, www.fotostudio-knobloch.de

Penguin Random House Verlagsgruppe FSC® N001 967
Copyright © 2023 Kösel-Verlag, München,
in der Penguin Random House Verlagsgruppe GmbH,
Neumarkter Str. 28, 81673 München
Redaktion: Dr. Diane Zilliges
Umschlaggestaltung: FAVORITBUERO, München
Umschlagmotiv: Alla_vector / Shutterstock.com
Satz: Nadine Clemens, München
Druck und Bindung: Alföldi Nyomda Zrt., Debrecen
Printed in Hungary
ISBN 978-3-466-31210-8
www.koesel.de

Für meine Nonna Nilde
Grazie Nonna

Geliebter Bauch

Dies wunderbare Geheimnis in mir zu tragen,
kein Wort zu allen anderen sagen,
es süß und klein für uns zu behalten,
träumend zusammen die Zukunft gestalten ...
Mit der Familie geteilt dann unsere große Freude,
und wuchs bald das Bäuchlein, sahen's alle Leute,
mit freundlichem, oft liebevollem Blick –
auch Fremde wie der Welt entrückt.
Ein Babybauch, so geheimnisvoll und friedlich,
schenkt mir eine Aura, fast sinnlich und lieblich.
Von anderen Vorsicht und rücksichtsvoller Umgang.
Keine Anstrengung mehr im Alleingang.
Nun streichle ich dich, mein kleiner Schatz,
in meinem Herzen hast du einen festen Platz.
Du bist mir so nah und doch noch so fern,
wie der am Horizont leuchtende Morgenstern.
Vertraut, bekannt und doch geheimnisvoll,
geknufft, getreten und doch liebevoll.

In diesem kugelrunden Bauch,
so stolz getragen – und voller Mühen auch ...
Wir freuen uns so sehr auf dich, unser Kind,
wenn wir dich endlich berühren können und bei dir sind.
Wenn du uns dann anblickst mit großen Augen,
können wir unser Glück wohl noch immer kaum glauben.
Dass es so etwas Wunderbares gibt,
einen, den man noch nicht kennt und schon von Herzen liebt ...
Dessen Bewegungen einen so glücklich machen,
lässt einen Schmerzen ertragen und gleich darauf lachen.
Mein geliebter Bauch, es ist so schön mit dir,
alles ertrage ich für dich, nichts an dir widersteht mir.
Von der Liebe zu meinem Kind getragen,
werde ich mich deiner erinnern, an allen Tagen.

SIMONE KNOBLOCH

INHALT

Geleitwort	13
Einführung	14

Einfach, leicht und schön … 24

Jessica: Wie mein Körper das ganz allein machte und ich ihn nur
»gewähren lassen« musste … 25
Romy: Unglaubliche Kräfte werden frei. Eine Grenzerfahrung … 28
Romina: Wir waren Teil eines Wunders … 31
Einfach, leicht und schön heißt nicht perfekt … 33
Angst fällt nicht vom Himmel … 35
Janina: Meine Blockade war die Angst vor dem Schmerz,
nicht der Schmerz an sich … 40
Yuna: Ich wollte es am liebsten sofort noch einmal erleben … 44

Mit der Kraft des Geistes … 52

Sandra: Ich erkannte, dass die Stimmung und meine Gedanken
erheblichen Einfluss hatten … 54
Elisabeth: Es ist nicht nur eine körperliche Kraft, sondern auch
eine geistige, absolut einmalig … 59
Die Macht deiner Vorstellungskraft … 62
Carina: Die Löwin in mir … 64
Selbsthypnose: Dein positives Hirnkino … 69
So kannst du die Selbsthypnose nutzen … 74
Svenja: Bei dieser Geburt fühlte ich mich am stärksten mit mir
selbst verbunden … 77
Achtsamkeit – Das Mini-Spa für die Seele … 80
Daniela: Verrückt, dass man sich so über Wellen freuen kann! … 81
Sonja: Ich habe noch nie so eine Kraft gespürt … 86

Nur Abracadabra? Machtvolle Affirmationen ... 88
Anna: Wen braucht es wirklich für die Geburt?
Die Mutter und das Baby! ... 91

Von Bauchgeburt bis Hausgeburt – HypnoBirthing macht einen Unterschied ... 98

Bauchgeburt ... 99
Emilia: Ich bin einverstanden mit jeder Wendung, die die Geburt meines Babys nehmen mag! ... 101
Ivonne: Wunschgeburt trotz geplantem Kaiserschnitt ... 104
Narbenstark. Die HypnoBirthing-Power nach einem Kaiserschnitt ... 106
Freya: Ich habe noch nie so ein tiefes Verstehen in mir gespürt ... 107
Christine: Vertrauen ins Vertrauen auf mich und mein Kind im Hier und Jetzt ... 110
Dr. Ute Taschner: Geburt nach einem Kaiserschnitt ... 113
Hausgeburt ... 114
Laura: Die Geburt ist etwas Wundervolles und kann völlig entspannt und sanft sein ... 115
Frauenkörper – Frauenweisheit – Frauenkraft ... 117
Angela: Selbstbestimmt gebären, statt entbunden werden ... 120
Elfriede: Ich war tierisch stolz auf meinen Sohn und darauf, es geschafft zu haben, ihn natürlich zu gebären ... 123
Beate: Traumgeburt nach Traumageburt ... 127
Vertrauen. Oder: Geburt in Beckenendlage, Geburt von Zwillingen und äußere Wendung ... 130
Ilka: Wenn es so rum rauskommt, kommt es auch andersrum raus ... 132
Katrin: Annehmen, loslassen und gebären ... 135
Elisabeth: Ich konnte auch diese Geburt in vollen Zügen genießen ... 140
Susanne: Die Geburt unserer Zwillingsmädchen war ein sehr sportliches Ereignis ... 143
Aus meiner Praxis: Nichts ist unmöglich, wo ein Wille ist ... 144

Vorbereitung nur mit einem HypnoBirthing-Buch?
Ja, auch das ist möglich 145
 Simone: Aller guten Dinge sind drei – unverhoffte Traumgeburt 148
 Martina: Sensationelles Buch und eine Riesenhilfe
 bei meiner Geburt! 150

Dein Atem – der Lebenswind durch die Geburt 156
Den Atem gezielt nutzen 156
 Antje: So viel Hilfe von der 22er-Atmung 159
 Yasmin: Ich hatte trainiert, mit den Wellen zu atmen, nicht gegen sie 163
 Louise: Eine meditative Geburt 165

Das beste Team für dich und dein Baby 172
 An Ruben: Perfektes Timing einer wunderschönen Hausgeburt 173
 Christian: Von einem Papa zu werdenden Papas 175
Arche Mama: Deine Geburts-Crew, ob mit oder ohne Papa 176
Schwestern 179
 Myriam: Ein kleines Wunder und wie wichtig es ist,
 an sich zu glauben 182

So stärkst du deine Intuition und den Kontakt zu deinem Baby 185
Meditation: Die Regenbogenkugel 188
Zwölf gute Feen 191
Einladung: Erzähle Positives, teile es mit der Welt 194

Nachwort 195
Danke 197
Glossar 198
Adressen und Literatur 200
Anmerkungen 207

GELEITWORT

Dieses Buch ist ein Geschenk – für alle schwangeren Frauen und werdenden Eltern, aber auch ein Geschenk für alle, die in der Geburtshilfe arbeiten.

Noch nie waren Geburten so sicher wie heute und gleichzeitig scheint die Angst davor immer größer zu werden. Woran liegt das? Anstatt sich in der Vielfältigkeit der Antworten zu verlieren, zeigt der Ansatz des HypnoBirthing 2.0 eine klare Richtung: Er schult den Blickwechsel.

In der Geburtshilfe findet sich meist der Blick von außen nach innen – wir garantieren in den Kliniken eine größtmögliche Sicherheit und Überwachung, damit Kinder so gesund und so gefahrlos wie möglich auf die Welt kommen. Schwangere und werdende Väter verlassen sich auf diese Sicherheit und begeben sich in die Verantwortung des Fachpersonals.

Es ist aber das Kind, das sich mit Vertrauen auf den Weg in diese Welt macht. Es ist sein Geburtsweg, unterstützt durch das intuitive und uralte »Wissen« der Gebärmutter und des Frauenkörpers. Die Gebärende selbst lässt zu, öffnet sich und hört auf die Signale ihres Körpers und ihres Kindes. Der Partner oder die Partnerin bietet Raum und Schutz für diesen Prozess und wir sogenannten Geburtshelfer unterstützen und bieten Raum, Schutz und Fachwissen.

Ich erinnere mich an meine ersten miterlebten Geburten, die ich als junge Ärztin begleiten durfte – ich erinnere mich an mein Staunen und an meine Ehrfurcht und den berührenden Moment, wenn das Kind auf seine Art »da war«, seine sichtbare Individualität im ersten Augenblick. Nach meinen eigenen drei Geburtserlebnissen und nach vielen Jahren der Begleitung anderer habe ich im Kennenlernen der HypnoBirthing-Arbeit das Staunen wiederentdeckt und die Freude darüber, dem Kind die Hauptrolle bei seiner Geburt zurückzugeben.

Die Geburtsberichte in diesem Buch sind so individuell wie die Kinder, die dabei auf die Welt kamen – kraftvoll, würdevoll, einzigartig: jeweils ein Geschenk.

Dr. med. Antje Ulmer
Psychoonkologin, Hypnotherapeutin, systemische Beraterin

EINFÜHRUNG

»Die Frauen können es,
man lässt sie nur nicht.«[1]
ALFRED ROCKENSCHAUB

Ja. Wir können. Und wie.

Wenn sich Frauen, ja Menschen generell treffen, erzählen sie sich Geschichten aus ihrem Leben. Meist ist der gewohnte Fokus jedoch ein Problem, eine Sorge oder: eine schlimme Geburtsgeschichte. Doch mit jedem Mal, mit dem wir über ungute Erfahrungen sprechen, prägen wir die damit verbundenen leidvollen Gefühle noch stärker in uns ein.

Hier in diesem Buch kehren wir es um. Hier kannst du teilhaben an wundervollen Geburtsgeschichten über die Gebärkraft, die uns Frauen innewohnt, und dich davon inspirieren lassen. Dringender denn je brauchen wir gute Geburtsgeschichten, damit den Risiko-, Problem- und Angstberichten, die in unserer Gesellschaft (nicht nur rund um die Geburt) überall den Ton angeben, Zuversicht und gute Hoffnung entgegengesetzt werden. Damit auch die, die Traumatisches im Zusammenhang mit der Geburt ihres Kindes erfahren haben, wieder Mut und Vertrauen in ihre Kraft fassen können. Damit die Zeit der Schwangerschaft wieder eine Zeit »guter Hoffnung« werden kann. Wir wollen die Geschichte der Geburt neu schreiben. Und die Erfahrungsberichte in den folgenden Kapiteln zeigen, dass wir auf dem besten Weg dahin sind. Deswegen dieses Buch.

Denn: Ja. Tatsächlich. Wir können.

Hinter jeder Geschichte hier steht eine Frau, die sich auf die ein oder andere Weise auf die Geburt ihres Kindes mit HypnoBirthing vorbereitet hat. Alle Verfasserinnen dieser Berichte sind entweder mir oder einer unserer Kursleiterinnen persönlich bekannt. Jeder Bericht ist wahr und authentisch. Jede Frau hier steht für die Kraft, die in uns allen steckt. Jede Verfasserin möchte mit ihrer Geschichte dazu beitragen, dir Mut zu machen und in der derzeitigen Geburtswelt eine Veränderung zum Besseren zu bewirken. Gemeinsam stehen sie für die mittlerweile unzähligen HypnoBirthing-Geburtsgeschichten über selbstbestimmte, meist schmerzarme, oftmals sogar schmerzfreie Geburten weltweit. Die Websites der HypnoBirthing-Kursleiterinnen sind voll davon.

Dennoch stoßen Frauen beim Erzählen ihrer schönen Geburtserfahrungen eher auf Unglaubigkeit und Skepsis, weniger auf Freude und Dankbarkeit fürs Teilen. Immer mehr scheinen sich Trauma, Kaiserschnitt und Risiken in den Vordergrund zu schieben, während doch die Ankunft eines Babys auf der Erde Grund zum Feiern sein sollte. Wohlgemerkt, es geht nicht darum, mit den vorliegenden Geschichten Übergriffe, Traumatisierungen und schlimme Geburtserfahrungen kleinzureden. Derlei geschieht und kann auch Frauen widerfahren, die sich mit HypnoBirthing vorbereiten. Aber gerade deshalb wollen jene, die hier ihre starken, ermutigenden Geschichten von selbstbestimmten Geburtserfahrungen teilen, aufzeigen, dass Geburt auch anders sein kann. Und anders werden muss, weil es anders geht. Wenn man uns lässt.

Damit die Zeit der Schwangerschaft wieder eine Zeit »guter Hoffnung« werden kann.

Solltest du ungute Erfahrungen rund um die Schwangerschaft oder die Geburt deines Kindes gemacht haben, lege ich dir ans Herz, dich wichtig zu nehmen und deiner Geschichte eine Stimme zu geben. Auch sie und die verletzte Frau in dir haben Aufmerksamkeit verdient. Wunden müssen ans Licht, damit sie heilen können. Vielleicht für ein weiteres Kind, für eine wundervolle Geburtserfahrung oder einfach, um mit dem Erlebten in Frieden zu kommen. Finde starke Frauen, mit denen du dich austauschen kannst, oder schließe dich einer Gruppe an, wie zum Beispiel der Roses Revolution, Motherhood e.V. oder Traum(a)geburt e.V. Hier kannst du kompetente Wegbegleiterinnen finden. Und wenn du einen Kaiserschnitt hattest und eine Spontangeburt anstrebst, kannst du zum Beispiel bei Dr. Ute Taschner Unterstützung finden. Sie setzt sich sehr dafür ein. Adressen findest du am Ende des Buches.

In den Geschichten hier findest du viele Geburten, denen eine oder mehrere schwierige Geburtserfahrungen vorausgegangen waren. Im Kapitel »Narbenstark« kannst du lesen, dass auch trotz eines vorausgegangenen Kaiserschnitts gute, ja sogar glückliche Geburtserfahrungen möglich sind. Es ist für jeden Erfahrungsbereich etwas dabei: Hausgeburten, Klinikgeburten, Geburt von Zwillingen, Hausgeburt nach einem Kaiserschnitt mit Drillingen, Geburten in Beckenendlage und nach vorherigen traumatischen Erfahrungen, Geburt mit oder nach Kaiserschnitt sowie nur mit meinem ersten Buch *Mama werden mit Hypno-Birthing* als Vorbereitung. Allen gemeinsam ist, dass sie mithilfe ihrer HypnoBirthing-Vorbereitung ihre Ängste vor der Geburt in Zuversicht und Vertrauen haben wandeln können. Und das wünsche ich mir auch für dich.

Glaub nicht alles, was du denkst

Ein zentrales Element im HypnoBirthing-2.0-Konzept ist die Arbeit mit dem Geist, mit dem Mind, mit unserem Denken. Mein wichtigster Satz in diesem Zusammenhang lautet: »Die eigentliche Problemzone für die Geburt liegt zwischen den Ohren aller beteiligten Erwachsenen.« Denn der gemeinsame Nenner im Umgang mit der Geburt liegt im Mindset, also in der Art und Weise, wie wir denken und worauf wir unsere Aufmerksamkeit richten und gerichtet halten. Hierzu gehört auch das Hören von, das Lesen über und das Anschauen von Geburtserfahrungen. Es ist wissenschaftlich erwiesen, dass alles, was wir mental aufnehmen, bewusst wie unbewusst, Einfluss auf unser Befinden und unsere Körperreaktionen nimmt. Ganz besonders in einer so hochsensiblen Zeit wie der Schwangerschaft, in der wir sehr suggestibel, also stark beeinflussbar, sind. Besonders fein nehmen wir in dieser Zeit jegliche Art von Geburtsgeschichten auf – und Deepak Chopra, ein weltweit bekannter Autor und Ayurveda-Arzt, sagt sinngemäß, dass jede Zelle unseres Körpers unsere Gedanken belauscht.[2] Damit ist die unmittelbare Wechselwirkung beschrieben, die zwischen Körper und Geist besteht. Auch aus diesem Grund findest du in diesem Buch nur schöne Geburtsgeschichten!

Es gab in der US-amerikanischen HypnoBirthing-Community mal einen tollen Button, den die Schwangeren trugen und auf den sie bei jeder Begegnung zeigten. Auf dem stand: »Please only happy birth stories, my baby is listening«, also etwa: »Bitte nur schöne Geburtsgeschichten. Mein Baby hört mit.«

Aus Achtsamkeit dir und deinem Baby gegenüber ist es daher ratsam, dich bewusst den unguten Geschichten (von deinen Freundinnen, Familienmitgliedern, aus Film, Fernsehen und Social Media) zu entziehen, zumindest bis die Geburt vorüber ist. Sag einfach »Stopp!«, wenn dir dein Gegenüber von unangenehmen Erfahrungen berichten möchte. Dein Baby bekommt die Ängste und Stimmungen mit, die damit einhergehen – und stimmt sich so mit dir (unbewusst) auf seine Geburt und auf das Leben »da draußen« ein.

Lass deine eigene beste Geburtsgeschichte entstehen

Mit diesem Buch möchte ich dich an die Hand nehmen und gemeinsam mit dir sehr unterschiedliche und intensive Geburtserlebnisse teilen. Ich möchte dir zeigen, dass wir Frauen – so unterschiedlich wir auch sind – die Geburt unserer Babys mitgestalten können. Angstfrei und selbstbestimmt!

Eine selbstbestimmte Geburt heißt: Du bestimmst deine Geburt selbst! Du bist kompetent in deinem Körper. Du fühlst dich eigenmächtig, handlungsfähig, lässt dich in deiner Entscheidungsfreiheit – und die hast du – nicht einschränken. Du suchst dir aktiv die medizinischen Begleiterinnen und Begleiter, die dich und deine Wünsche respektieren und dich unterstützen. Du findest den für dich stimmigen Geburtsort.

Wenn du glaubst, das nicht zu können, wenn du dich nicht traust und unsicher bist, solltest du hinschauen und dich fragen: »Was brauche ich, damit ich selber bestimmen kann? Wo kann ich Rückendeckung, Bestärkung finden für den Weg, den ich für die Geburt meines Kindes für richtig halte und den ich gehen will? Wer oder was hilft mir, mich kraftvoll zu fühlen?« Wichtig ist: Selbstbestimmt heißt nicht allein. Sondern unterstützt durch Hebammen, gute Freundinnen, deine Mutter oder andere Vertrauenspersonen.

> Eine selbstbestimmte Geburt heißt: Du bestimmst deine Geburt selbst!

Die wichtigste Geburtsgeschichte ist die, die sich in deinem Kopf abspielt. Damit sie gut wird, kannst du zur Vorbereitung dein persönliches Geburtsdrehbuch schreiben. So erschaffst du dir eine positive, sehr wirkungsvolle mentale und emotionale Einstimmung. Über einen längeren Zeitraum beschäftigst du dich geistig, also in deiner Vorstellung damit. Du spürst dem nach, was du willst. Du schreibst – im besten Fall handschriftlich, das verankert sich stärker – immer mal wieder ein paar Sätze auf. Bewusst wie unbewusst wendest du Zeit dafür auf, was dir eine kraftvolle innere Ausrichtung auf die Geburt verschafft. Dein persönliches Geburtsdrehbuch wirkt wie eine starke Absichtserklärung, ein Commitment zu dir und deinem Baby, und es verstärkt so nebenbei auch noch die Kommunikation und das Bonding mit ihm. Das Schreiben beschert dir eine sehr intensive und intime Zweisamkeit mit deinem Kind.

Ein vollständiges **Drehbuch** findest du im Buch *Mama werden mit HypnoBirthing*. In diesem Buch hier, das du jetzt in deinen Händen hältst, ist immer wieder Platz für deine Notizen, benannt als »Inspiration für mein Drehbuch«. Hier kannst du Stichworte oder Sätze aus dem vorangegangenen Geburtsbericht notieren, die du dann in deine Geburtsvision für dein persönliches Drehbuch mit einbauen kannst. Anschließend kannst du dein Drehbuch schreiben und wenn du willst auch sprechen und dich dabei aufnehmen, sodass du es immer wieder als Selbsthypnose anhören kannst. Oder du lässt es dir von deinem Partner oder deiner Partnerin vorlesen, als Teil eurer gemeinsamen Vorbereitung.

Noch mal Alfred Rockenschaub: »Meine Botschaft an die Frauen: Ihr könnt das! Bereitet euch nur entsprechend vor und habt keine Angst.«[3]

Was ist HypnoBirthing 2.0?

HypnoBirthing 2.0 ist ein ressourcen- und potenzialorientiertes Geburtsvorbereitungsprogramm für Paare, ein Mentaltraining. Und wie du aus den folgenden Erzählungen sehen kannst, sind alle Werkzeuge daraus wirkungsvoll – unabhängig von der Geburtsart, gleich ob Spontangeburt, Beckenendlage oder Kaiserschnitt.

Ursprünglich von der US-Amerikanerin Marie Mongan in den 1980er-Jahren entwickelt, wurde HypnoBirthing von mir grundlegend überarbeitet, unserem europäischen Kulturkreis angepasst, aktualisiert und um Übungen aus anderen Bereichen erweitert. So bietet HypnoBirthing 2.0 fundierte, im Alltag erprobte Methoden und Werkzeuge, mit denen du dich – wenn du willst, gemeinsam mit deinem Partner, deiner Partnerin – auf die Geburt deines Kindes vorbereiten kannst. Dein Partner bekommt extra für seine Aufgabe bestimmte Werkzeuge an die Hand. Um deine Geburts-Crew wird es im Kapitel »Das beste Team für dich und dein Baby« gehen.

In diesem Buch stehen die positiven Erfahrungen im Vordergrund, die von vielen Frauen eindrücklich und berührend geschildert werden. Allein das kann deinen Blick auf die Geburt für immer verändern. Die praktische Seite des Hypno-Birthing wird dabei immer mit beleuchtet. Weitere Anleitungen für die Übungen und Techniken findest du auch im Buch *Mama werden mit HypnoBirthing* oder in einem entsprechenden Kurs, den ich dir sehr ans Herz legen kann. Sicher gibt es auch in deiner Nähe ein solches Angebot.

Eines ist mir wichtig hervorzuheben: Es gibt keinen Garant für ein bestimmtes erwünschtes Geburtserlebnis. Dazu sind viel zu viele Einflussfaktoren im Spiel. Es ist ein Irrtum zu glauben, es gäbe sogenannte HypnoBirthing-Geburten. Auch nach einem HypnoBirthing-Kurs wird es keine Elfengeburt: Dein Kind wird nicht auf Engelsflügeln sanft aus dem Körper getragen werden, während Geigenklänge ertönen, Blütenduft im Raum schwebt, du in Verzückung schwelgst und das Geburtsteam um dich herum Halleluja singt. Geburt ist ein Energietsunami – und für den braucht es dein uneingeschränktes Ja. Ein bisschen Geburt geht nicht. Je weniger innerer Widerstand, je klarer dieses Ja zu allem, was gerade ist, desto leichter kann dein Körper seine Arbeit machen und können die Wellen dein Kind – widerstandslos – hinaustragen. Und Hypno-Birthing kann dir helfen, zu diesem Ja zu finden. Je stärker dein Ja, desto leichter kann sich die Erfahrung im Rückblick anfühlen, manchmal sogar sanft. Und ja, es gibt sie, die vielen Frauen, die dann berichten, kaum oder gar keine Schmerzen empfunden zu haben. Auch darüber wirst du hier lesen können.

> Es gibt keinen Garant für ein bestimmtes erwünschtes Geburtserlebnis.

HypnoBirthing ist also kein Geburtsergebnis, sondern vielmehr ein Weg. Man kann es mit einer Reiseroute vergleichen. Deine Schwangerschaft ist die Reisezeit. Reiseziel ist die Geburt deines Kindes. Und wie diese verlaufen wird, kann kein Mensch voraussagen – und auch keine App.

Wie du an einem Reiseziel ankommst, hängt sehr davon ab, wie du dich auf die Reise vorbereitet hast, welche Route du nimmst, an welchen Etappenzielen du Halt machst, womit du dich im Verlauf deiner Reise beschäftigst, welchen Menschen du begegnest. Jede Reise birgt Unsicherheiten in sich, mal mehr, mal weniger. Und jeder Mensch ist nach einer Reise ein Stück weit ein anderer als zu deren Beginn. So ist das auch bei einer Geburtsvorbereitung mit HypnoBirthing.

Stell dir einmal vor, du kommst auf deiner Reise durch Orte, die sich komisch anfühlen, die dunkel oder stressig sind und vielleicht sogar vergessen geglaubte, alte Ängste in dir schüren. Du triffst hier auf Menschen, die dich mit ihrer Sicht auf die Welt, ihren Meinungen und ihrem Verhalten runterziehen und schwächen (und damit auch das Baby in deinem Bauch). Wie, glaubst du, gehst du dann in die Geburt? Zuversichtlich? Gestärkt? Kraftvoll?

Und jetzt stell dir bitte vor, du besuchst Orte, an denen du das Gefühl bekommst, entspannen und loslassen zu können. An denen du Dinge findest, die du gern mit nach Hause nimmst, weil sie dir Kraft geben, an denen du auf Menschen triffst, von denen du dich unterstützt und gesehen fühlst. Die dir Potenziale und Möglichkeiten aufzeigen, dir neue Wege zu deinem Ziel anbieten. Du lernst, deine Ängste in Vertrauen und sogar in Freude auf die Geburt umzuwandeln. Du kommst auf diesem Weg deinem Partner näher. Wie, glaubst du, gehst du, geht ihr dann in die Geburt? Und wie glaubst du, geht es deinem Baby in dieser Zeit?

All das ist Inhalt und Ziel eines HypnoBirthing-2.0-Kurses. Er stellt mit seinen – in der Regel – fünf Kurseinheiten solche Etappen auf dieser Reise dar. Du kommst mit kleinem Bauch und einem vollen Rucksack, gepackt mit Ängsten, Fragen, Unsicherheiten, die zum Beispiel lauten können: Wie gehe ich mit Schmerzempfindungen um? Was kann ich machen, damit sie nicht so intensiv sind, wie kann ich sie reduzieren? Was mache ich, wenn etwas Unvorhergesehenes passiert und wenn Situationen eintreten, die ich mir so nicht gewünscht hatte? Wie bekomme ich meine Ängste in den Griff? Alle diese Fragen werden im Kurs besprochen. Und während dein Bauch von einem Kurstermin zum nächsten wächst, leert sich dein Rucksack durch die Informationen, die Übungen und **Hypnosen**, die du machst, und den Austausch mit deiner Kursleiterin. Am Ende des Kurses ist dein Rucksack klein, und dein Bauch, dein Vertrauen und deine Zuversicht in dich selbst, in euch als Geburtsteam, ist groß. Du hast dich auf diesem Weg verändert, bist viel mehr bei dir, in deiner Kraft und bereit für die Geburt.

Und dann heißt es: Loslassen und die Geburt so annehmen, wie sie kommt. Nicht mehr und nicht weniger. »Ich bin einverstanden mit jeder Wendung, die die Geburt nehmen mag.« Das ist unsere wichtigste Geburtsaffirmation (mehr dazu im Kapitel »Nur Abracadabra? Machtvolle Affirmationen«).

> Ich bin einverstanden mit jeder Wendung, die die Geburt nehmen mag.

In dieser Art macht eine Geburtsvorbereitung mit Hypno-Birthing tatsächlich einen Unterschied und nimmt Einfluss darauf, wie du durch dein Ziel gehst. Viele der Geschichten und Mails, die Kursleiterinnen bekommen, zeigen sogar, dass die Werkzeuge auch noch Jahre danach ihre positive Wirkung haben und dass diese Tools auch im Alltag wirkungsvoll zum Einsatz kommen können.

Natürlich kann oder will nicht jede Frau einen HypnoBirthing-Kurs besuchen. Daher ist das Buch *Mama werden mit HypnoBirthing* mit seinen Hypnose-Downloads so konzipiert, dass frau sich damit im Prinzip gut vorbereiten kann – was mir zahlreiche Leserinnen per Mail bestätigen. »Im Prinzip« heißt jedoch, dass Anwendung und Verständnis des Konzeptes – und damit auch der Erfolg – immer von der emotionalen, physischen und sozialen Ausgangslage der Leserin bestimmt ist. Daher empfehle ich immer, einen Kurs zu besuchen. Es ist ein Geschenk an dich, dein Baby und deinen Partner oder deine Partnerin, denn es geht in einem Kurs um viel mehr als nur um Geburtsvorbereitung. (Einige besondere Begriffe, die wir im HypnoBirthing verwenden, sind im Buch hervorgehoben und im Glossar am Ende erklärt.)

Das Erfahrungsspektrum im Bereich Geburt ist immens. Sie ist und bleibt eine unbeschreiblich starke körperliche, geistige und psychische Meisterleistung von uns Frauen – bei der die eine oder andere manchmal sogar Lustgefühle bis hin zum Orgasmus erleben kann. Damit das möglich ist, braucht es Angstfreiheit, Entspannung, Loslassen, Vertrauen, das Gefühl von Sicherheit und Stille. Oder, um es mit Michel Odent, einem Pionier der sanften Geburt zu sagen: Der richtige Ort, um zu gebären, wäre auch der richtige Ort, um Liebe zu machen.[4]

Mein Wunsch ist, dass auch du dein Kind so auf die Welt bringen kannst, wie es dir entspricht. Angstfrei und selbstsicher. Dass du die Freude einer sicheren, ungestörten und natürlichen Geburt aus eigener Kraft und selbstbestimmt für dich und dein Kind erfahren kannst. Mit meiner Arbeit will ich dazu beitragen, die Überzeugung und das Vertrauen in eine natürliche, entspannte selbstbestimmte Geburt zu stärken, und dich an dein ureigenstes weibliches Potenzial erinnern: deine natürlichen Geburtsinstinkte, deinen »GebärCode«. Die große Kraft in jedem weiblichen Wesen.

Mögen die Erfahrungsberichte in diesem Buch deine Vorfreude auf die Geburt deines Babys und euer gemeinsames Band stärken. Ich wünsche dir Inspiration, Zuversicht, Vertrauen in dich und dein Baby. Und den Mut, dir selbstbestimmt deine Geburtsmacht wieder anzueignen. Du bist nicht allein.

Wir sind die, auf die wir gewartet haben.

Ich wünsche dir einen
Happy Birth Day

Bianca Maria Heinkel

Bitte nur schöne Geburtsgeschichten.

Mein Baby hört mit.

EINFACH, LEICHT UND SCHÖN

Geburt und Gebären sind zunächst einmal ein Erfolgsprogramm, dient es doch dem Arterhalt von uns Menschen (wenn wir einmal den spirituellen Aspekt der Menschwerdung beiseitelassen). Geburt und Gebären können nur als Erfolgsprogramm gesehen werden. Seit mindestens 100 Millionen Jahren gibt es Säugetiere, Primaten seit etwa 65 Millionen Jahren, und wir sind genetisch sehr eng mit ihnen verwandt. Das kann nur bedeuten: Das Gebären muss auch in unserem menschlichen Genpool als Erfolgsprogramm, als Code, als Körperintelligenz angelegt sein, sonst wären wir längst ausgestorben. Was definitiv nicht der Fall ist. Und auch die Reihe deiner Ahninnen hat es offenbar geschafft, das Erfolgsprogramm zu nutzen, denn du bist hier.

Vom Augenblick der Empfängnis bis zur Geburt und danach ist der Körper auf Leben ausgerichtet. Unser weiblicher Körper weiß, wie Gebären geht, das muss ihm niemand beibringen. So wie das Kind im Mutterleib weiß, was es zu tun hat, um herauszukommen. Das beste Beispiel hierfür sind Frauen, die im Koma liegen und doch gebären. Ohne Intervention von außen. Ich habe Filme dazu gesehen und war zutiefst berührt, wie stark diese Wirkkräfte in uns sind, die ins Leben führen.

Im Laufe der letzten zwei bis drei Jahrhunderte hat es jedoch eine Verschiebung gegeben, wir haben unser Sein zunehmend im Kopf und immer weniger im Körper verankert. Wir denken unsere Gefühle viel mehr, als dass wir sie tatsächlich fühlen. Wir nutzen (auch in der Schwangerschaft) mehr und mehr Apps und technische Hilfsmittel, um zu erfahren, was sich in unserem Inneren gerade abspielt. Das führt oftmals dazu, dass wir uns während der Geburt überwältigt fühlen von der Intensität des Erlebens, obwohl das, was während der Geburt geschieht, in der Regel völlig natürlich und normal ist.

In unseren Kursen verwende ich oft eine Metapher aus der Computerwelt, besonders um den Männern im Kurs die heutige Situation vor Augen zu führen. Manche von uns haben so etwas wie Computerviren, Trojaner im System, die den GebärCode blockieren. Sobald es uns aber gelingt, diese zu eliminieren, indem wir unseren Denkapparat mit seinen »Was wäre, wenn …«-Szenarios aus dem Weg schaffen und die damit verbundenen Ängste befrieden, machen wir den Weg frei für den GebärCode. Und darauf ist HypnoBirthing ausgerichtet.

Worauf wir unsere Aufmerksamkeit richten, ob im Denken, beim Schauen eines Filmes, beim Schreiben oder Lesen, alles hat eine selbsthypnotische Wirkung. Diese verstärkt sich, je intensiver und konzentrierter wir uns mit etwas beschäftigen. Somit kannst du dich bereits durch das Lesen der Geburtsgeschichten hier im Buch auf deine Wunschgeburt einstimmen. Und findest du Passagen, die dich besonders ansprechen, tauche mit allen Sinnen in die Erfahrung ein. Setz dich an die Stelle der Frau und aktiviere in dir die Gefühle, die sie beschreibt. Tue so, als ob es deine Geburt sei, als ob du diesen Geburtsbericht geschrieben hättest. Je intensiver dir das gelingt, desto wahrer fühlt es sich für deinen Körper an. Entsprechend wird er darauf reagieren. Und dein Baby macht mit.

Jessica

Wie mein Körper das ganz allein machte und ich ihn nur »gewähren lassen« musste

Jessica kam zur Einzelvorbereitung für die Geburt ihres zweiten Kindes. Ihr älterer Sohn war damals zwei und kam auch nach HypnoBirthing-Erfahrungen zur Welt, es gab keine Geburtsverletzungen.

Zunächst hatte ich kaum Wellen oder andere starke Anzeichen, dass es bald losgehen könnte. Das Baby hatte sich die letzten Wochen aus der Beckenendlage in die ein oder andere Querlage begeben, um schließlich ab SSW 39 wieder in Schädellage zu liegen. Außerdem hatte es sich ins Becken gesenkt, sodass ich gut darauf vertrauen konnte, dass dies so bleibt. Dann ein Arzttermin, das CTG (der sogenannte Wehenschreiber) zeigte keinerlei Welle an. Als ich am Abend unseren großen Sohn gegen 20 Uhr ins Bett legen konnte, gingen die Wellen ganz plötzlich stark los.

Ich ließ mir ein Bad ein, um einerseits noch mal zu entspannen und andererseits zu überprüfen, ob es wirklich so weit war. Während meines Bades wurden die Wellen stärker und regelmäßiger. Innerlich spürte ich auch, dass es an der Zeit war, in die Klinik zu fahren. Also sagte ich meinem Mann Bescheid und er kümmerte sich um die Kliniktasche und einen Babysitter. Während der Autofahrt hörte ich Entspannungsmusik und versuchte an meinen inneren Ort zu gelangen, wie ich es vom HypnoBirthing kannte.

In den Kreißsaal musste ich zunächst ohne meinen Mann. Die Hebamme untersuchte mich (Muttermund erst bei zwei bis drei Zentimeter) und machte ein CTG. Hierbei achtete sie auf meine Wünsche und ließ mir genug Kabel, sodass ich mich in verschiedene Positionen begeben konnte. Mein Mann durfte dazukommen und ich begab mich immer wieder in meinen inneren Raum, so gut es ging. Wenn ich von diesen inneren Reisen wieder wach wurde, war es tatsächlich so, als hätte ich geschlafen.

> Mein Verstand wollte auf die Hebamme hören und pressen, aber unterschwellig wusste ich genau, dass mein Körper das allein macht und ich das nicht steuern kann.

Als der Muttermund bei acht Zentimeter war, ließ uns die Hebamme nochmals allein und sagte, dass wir klingeln sollten, wenn sich etwas ändert. Diesen Satz habe ich mir wahrscheinlich etwas zu sehr zu Herzen genommen, rückblickend war es wohl die vollständige Öffnung des Muttermundes, die ich spürte, aber ich beschrieb es bei der Rückkehr der Hebamme als Wunsch, zu schieben oder zu pressen. Kurze Kontrolle: Der Muttermund war tatsächlich offen, aber es kann noch nicht die Austreibungsphase gewesen sein, die Wellen passten nicht. Der Arzt kam und die Hebamme bedeutete mir, immer wieder zu pressen, wenn eine Welle käme. Doch diese blieben aus beziehungsweise »konnte« ich nicht pressen. Mein Verstand wollte auf die Hebamme hören und pressen, aber unterschwellig wusste ich genau, dass mein Körper das allein macht und ich das nicht steuern kann.

Ich stimmte einer kleinen Dosis vom Wehentropf zu und kurze Zeit später begannen dann die »echten« Austreibungswellen. So eine enorme Wucht hatte ich nicht erwartet und es gab nichts, womit ich sie hätte stoppen oder verringern können. Wozu der Körper fähig ist, ist wirklich enorm! Auch habe ich mein Baby in meinem Bauch mitarbeiten und werkeln gespürt. Die Hebamme sagte immer wieder, ich solle aufhören zu pressen, weil es sehr schnell voranging. Dabei habe ich nie aktiv mitgepresst oder geschoben. Ich war mir die ganze Zeit darüber im Klaren, dass mein Körper das ganz allein machte und ich nur »gewähren lassen« musste. Es waren vielleicht nur vier oder fünf Presswehen, die ich als enorm kraftvoll, aber nie als schmerzhaft empfunden habe. Dann war unser Sohn auch schon auf der Welt.

Ich hatte keine Geburtsverletzungen, bis auf eine kleine Schürfwunde. Elias hatte super Werte, die darauf schließen lassen, dass er keinen Stress bei der Geburt hatte, und wir durften noch am selben Tag die Klinik verlassen.

Alles in allem waren wir nur drei Stunden im Kreißsaal, vom Beginn der Wellen bis zur Geburt dauerte es nur fünf Stunden, die ich zwar nicht komplett als schmerzfrei erlebt habe, in denen ich aber kontinuierlich eine tiefe Zuversicht gespürt habe, die mich dem Schmerz immer wieder entfliehen ließ. Auch habe ich gespürt, dass mein Körper genau mit den Wellen umzugehen wusste.

Ich bin sehr dankbar für dieses unglaubliche Geburtserlebnis. Die Geburt meines ersten Sohnes war auch wunderschön, aber bedingt durch die PDA damals habe ich sie nicht in ihrer Natürlichkeit zu Ende empfunden. Das war dieses Mal der Fall und ich bin wirklich froh darüber.

Romy
Unglaubliche Kräfte werden frei. Eine Grenzerfahrung

Es war Romys erstes Kind, eine entspannte Geburt in der Klinik, keinerlei Geburtsverletzungen.

Es hatte sich schon angekündigt. Nachmittags kommt das »Zeichnen«. Es geht los, ich bin mir ganz sicher. Mein Partner ist relaxed, der Bauch sei noch viel zu weit oben. Mir kommen die Kopfschmerzen komisch vor. Meine Schwangerschaft war komplikationsfrei, nur in den ersten zwölf Wochen die bekannte Übelkeit, Müdigkeit und Schlappheit. Am nächsten Morgen stehe früh ich auf und bin irgendwie umtriebig, die Kopfschmerzen sind noch da. Erst mal setze ich mich in die Badewanne und entspanne. Schon beim Frühstück merke ich das Zwicken und Anspannen, wie heftige Menstruationsschmerzen. Ich vermute Übungswellen, richtige Wellen würde ich sicher bemerken.

Ich faulenze den ganzen Tag auf dem Sofa und mache meine Atemübungen, um die Übungswellen zu verscheuchen. Ich fühle mich relativ entspannt, trotz der Zweifel meines Partners merke ich, dass es jetzt bald so weit ist. Übungswellen hin oder her, ich glaube, der Kleine will jetzt raus. Gegen Abend kann ich keine fünf Minuten mehr am Tisch sitzen bleiben. Also pendle ich zwischen Sofa und Esstisch hin und her und her und hin. Ich konzentriere mich auf die Atmung, bleibe ruhig … und tatsächlich: Nach ein bis zwei Minuten ist der Spuk vorbei und ich kann essen und mich unterhalten. Ich habe Lust auf ein Bad. Es ist so angenehm und herrlich im Wasser, vielleicht kann ich mein Kind doch hier im Whirlpool bekommen?

Definitiv sind die Wellen stärker geworden. Anfänglich war es ein sanftes Schaukeln, jetzt ist doch schon eine leichte Brandung zu spüren. »Ein Ausnahmezustand« hatte die Kursleiterin gesagt. Das bedeutet, da kommt schon noch mehr. Die Zeit gleitet dahin. Meine Gedanken überschlagen sich, es wird sich alles richten, mein Partner murmelt unsere Affirmationen. Er lobt mich, streichelt meinen Kopf, ist stolz auf mich. Das tut alles gut, aber irgendwann will ich raus aus dem Wasser. Ich torkele ins Bett und verarbeite die nächsten Wellen. Es ist Mitternacht, als meine Fruchtblase platzt – dann sind es jetzt wohl doch »richtige« Wellen! Gut, dass die Klinik nur neunzig Sekunden entfernt ist.

Wir fahren direkt zum Noteingang. Die Wellen schlagen ganz schön zu. Eine sehr nette Hebamme und eine Nachtschwester empfangen uns. Der Muttermund wird abgetastet – fünf Zentimeter. CTG sieht auch gut aus, unser Baby freut sich über die Massage.

Ich liege im Bett und achte auf meine Atmung. Mein Partner kümmert sich um unsere Musik: »Iz« Kamakawiwo'ole, der Superstar aus Hawaii mit seiner engelsgleichen Stimme. Die nette Hebamme massiert mir die Füße und macht auch eine Akupunktur, damit mein Körper locker werden kann, was hervorragend funktioniert. Ich vertiefe mich in meine Atmung. Mein Partner ist immer da, streichelt mich, motiviert und lobt mich. Wie toll ich das mache, wie stolz er ist. Einen besseren Geburtsgefährten kann man sich nicht vorstellen. Ich bin auch sehr stolz auf ihn und merke, wie sehr uns der HypnoBirthing-Kurs unterstützt hat, diese Geburtsreise gemeinsam zu machen. Die Zeit verrinnt, zwischen den Wellen nicke ich teilweise sogar kurz ein, sehr entspannend. Ich staune, was für ein Mechanismus hier in meinem Körper angesprungen ist. Unglaubliche Kräfte werden frei – eine Grenzerfahrung, ja, das ist es wohl. Die Hebamme, kommt am frühen Morgen wieder zum CTG vorbei, der Wellenschreiber zeigt immer noch ein absolut relaxtes, fröhliches Baby. Kein Stress, nichts, was gegen einen weiteren sanften Geburtsverlauf sprechen sollte.

Gegen halb sechs geht es dann in die schöne runde Badewanne. Ich lasse mich hineingleiten und es tut so gut! Die Wellen sind jetzt kleine, fast glatte Wogen und ich fühle mich frei und leicht. Auf einmal packt mich eine Welle von hinten. Damit habe ich nach diesem lockeren leichten Plantschen nicht gerechnet. Fast haut sie mich um, meine Atmung geht an ihre Grenzen, aber ich weiß, nach neunzig Sekunden ist es geschafft. Da heißt es durchhalten und schön weiter-

> Die Zeit verrinnt, zwischen den Wellen nicke ich teilweise sogar kurz ein, sehr entspannend. Ich staune, was für ein Mechanismus hier in meinem Körper angesprungen ist.

atmen, sich nicht unterkriegen lassen. Mein ganzer Körper vibriert, mein Partner unterstützt und bestärkt mich.

Der Muttermund ist mittlerweile bei zehn Zentimetern und wir ziehen in den nebenan gelegenen Kreißsaal, im Rollstuhl verarbeite ich die nächste Welle. Sie sind jetzt wirklich gewaltig. Der Wellenschreiber vermeldet immer noch ein entspanntes Baby. Jetzt ist die J-Atmung angesagt oder das Pressen. Instinktiv entscheide ich mich für das Pressen, obwohl es unangenehm ist. Beim ersten Drücken bin ich noch am Üben, es ist gewaltig und sehr anstrengend. Ich fange jetzt das erste Mal an zu schwitzen. Beim zweiten Mal gebe ich mir mehr Mühe und es fängt schon an zu brennen. Beim dritten Mal ist wohl der Kopf zu sehen. So nah und doch so fern. Die Motivation steigt, nur noch wenige Zentimeter fehlen zum Glück. Der Kleine lässt sich immer mehr blicken, aber meine Kräfte lassen langsam nach. Bei der nächsten Welle ist es fast geschafft, mein Partner sieht den Kopf des Kleinen bis zum Hals. Noch einmal nehme ich alle Kräfte zusammen und presse, presse, presse und schwupps – unser Baby ist draußen und liegt auf meinem Bauch.

Wie vorher vereinbart wird der kleine Babykörper weder abgeschrubbt noch untersucht oder anderweitig gestresst. Einfach nur auf mir liegen, gemeinsam etwas zugedeckt gegen die Kälte in der neuen Welt und Zeit zum Kuscheln – mein Herz an seinem Ohr, er meinen Geruch in der Nase. Diese erste Phase des Bondings war mir sehr wichtig. Nach dem Auspulsieren nach etwa einer halben Stunde kappt mein Partner die Nabelschnur des Würmchens und gibt ihn damit endgültig frei. Die Plazenta kommt nun auch noch.

Alle Befürchtungen sind verflogen, alles hat so geklappt, wie wir es uns gewünscht hatten. Kein künstliches Einleiten, kein Stress, angenehme Stimmung, tolles Geburtsteam, liebevolles Erleben.

Romina
Wir waren Teil eines Wunders

Es war Rominas zweites Kind. Bei der Geburt musste sie vom Geburtshaus in die Klinik, es kam eine Saugglocke zum Einsatz, dennoch kein Dammschnitt.

Schon einige Wochen vor dem eigentlichen Ereignis haben wir begonnen, je eine Übung des HypnoBirthing-Konzeptes in unseren Alltag zu integrieren und täglich zu praktizieren. So vertieften wir nicht nur unsere Fähigkeit zu entspannen, zu atmen und zu visualisieren, sondern erlebten auch eine intensive Zeit als Paar und werdende Eltern.

Die ersten, noch leichten Wellen kamen an einem am Donnerstag gegen fünf Uhr morgens. Wir waren voller Vorfreude und Neugierde und mein Mann nahm sich direkt frei. Wir gingen vormittags noch in der Natur spazieren, dabei wendete ich während der Wellen die 4-8er-Atmung (Ruheatmung) an. Am Nachmittag hörten wir noch mal gezielt verschiedene Entspannungstexte im Bett und die Wellen habe ich zu dieser Zeit auch nicht als Schmerz empfunden. Da sie gegen Abend stärker und die Abstände kürzer wurden, riefen wir unsere Beleghebamme an. Der Muttermund war einen Zentimeter geöffnet und ich erinnerte mich daran, dass eine Geburt auch Zeit brauchte. Gezielt nutzte ich nun die Langsame Atmung mit Visualisierungen und konnte deutlich spüren, wie meine Muskulatur und die Atmung den Geburtsprozess unterstützten.

Die Hebamme riet uns, in ein paar Stunden ins Geburtshaus zu kommen. Dort erwartete uns eine sehr schöne Atmosphäre und wir konnten nach der Autofahrt gut wieder in die Atemtechniken zurückfinden. Ich spürte während jeder Welle ein starkes Ziehen im Unterleib. Der Muttermund öffnete sich langsam und mein Mann stand mir bei jeder Welle zur Seite, sagte mir unsere Affirmationen auf oder atmete mit mir. Die Hebamme ließ uns zunächst völlig gewähren, kam nur, wenn wir sie brauchten. Wir durften bestimmen, ob wir eine Lageveränderung wollten, und so probierten wir während der Nacht mehrere

Positionen und Orte aus. Am wohlsten fühlte ich mich in der Wanne und verbrachte dort auch eine sehr lange Zeit. Als es langsam Morgen wurde, hatte ich meine schönste Geburtserfahrung: Die Wellen waren nun sehr stark, der Muttermund nahezu ganz geöffnet und ich spürte deutlich, wie sich das Baby nach unten schob. Ich fühlte mich wie in Trance. Die Personen im Raum nahm ich entfernt wahr, war ganz in meinem Körper und spürte, wie mein Körper für mich und mit dem Baby arbeitet. Wir waren Teil eines Wunders!

Nach einer ganzen Weile entdeckte die Hebamme den Kopf und auch ich konnte ihn tasten, was mich sehr erleichterte, denn meine Atmung begann während der starken Wellen nun unruhiger zu werden. Ich spürte, dass meine Beine gelegentlich zitterten, und begann, beim Ausatmen zu tönen, um mit dem Schmerz besser umgehen zu können. Sowohl die Hebamme als auch mein Mann ermutigten mich, dass es nun bald so weit sei. Doch irgendwie wollte die eigentliche Geburtsphase nicht beginnen. Wir merkten schließlich, wie meine Kraft nachließ. Nach einer erneuten Untersuchung der Hebamme und weiteren anderthalb Stunden im Raum, in dem wir sämtliche Geburtspositionen ausprobierten, entschieden wir schließlich gemeinsam, nun doch ins benachbarte Krankenhaus zu gehen. Zunächst stellte diese Verlegung eine Verunsicherung dar. Doch im Nachhinein war es eine gute Entscheidung, denn wie sich dort herausstellte, lag der linke Arm unserer Tochter quer, sodass das Köpfchen so nicht durch den Geburtskanal gepasst hätte. Der Arzt musste kurz die Saugglocke anwenden, was nun wirklich schmerzhaft für mich war. Doch es brauchte nur ein bis zwei Züge, wir arbeiteten dennoch mit den Wellen – und dann war sie da. Dank des fortgeschrittenen Geburtsvorgangs auch ganz ohne Schnitt. Eine insgesamt wunderbare Geburtserfahrung.

EINFACH, LEICHT UND SCHÖN HEISST NICHT PERFEKT

Mit HypnoBirthing sind leider viele Mythen verknüpft. So wurde ich einmal gefragt, ob HypnoBirthing den Weg zur perfekten Geburt bietet. Allein die Frage löste bei mir Kopfschütteln aus. Es gibt sie nicht, die perfekte Vorbereitung für eine perfekte Geburt. Es gibt nämlich keine perfekte Geburt. Keine perfekten Menschen. Hier zeigt sich der heutige Leistungsanspruch bei so vielen Frauen, der sich mittlerweile in viele Lebensbereiche eingeschlichen hat. Auch ins Muttersein. Solche Gedanken schaffen Druck, und Druck steht einer Hingabe an den Geburtsverlauf im Weg. Und die bisherigen Geburtsberichte hier haben dir sicherlich schon gezeigt, wie wichtig Loslassen und Entspannung sind.

> Es gibt sie nicht, die perfekte Vorbereitung für eine perfekte Geburt. Es gibt nämlich keine perfekte Geburt.

Wenn derlei Gedanken bei dir auftauchen, versuche zu reflektieren und deinen eigenen Leistungsanspruch im Zusammenhang mit der Geburt zu erkennen. Der Glaube, wir könnten durch Leistung die Geburt kontrollieren, ist eine der größten Fallen, in die wir tappen können. Geburt ist nicht planbar. Sie ist ein umfassender, einzigartiger körperlicher und seelischer Prozess, der das Gegenteil von Leistung und Kontrolle, nämlich Loslassen und Hingabe, erfordert. Allem medizinischem Wissen zum Trotz bleibt sie ein Mysterium, von dem wir Frauen ein Teil sind.

Zu hohe Erwartungen und Forderungen führen uns in Gefühle der Überforderung, in emotionale Zustände, die körperliche Auswirkungen haben und die wir als Warnsignal verstehen sollten. Tauchen solche Gefühle auf, fordern sie uns zum Sein-Lassen auf – uns selbst sein lassen und die Dinge sein lassen. Sie fordern uns auf, uns der Schwangerschaft und später dem Geburtsprozess mehr hinzugeben – mit allem, was sich zeigt.

Wenn wir uns überfordern, sind wir meist sehr engagiert und mit vielem gleichzeitig beschäftigt. Wir wollen alles gut und richtig machen, haben einen hohen Anspruch an uns selbst und andere (und haben nicht im Blick, dass das Baby im Bauch da nicht mitkommen kann). Die Schnelligkeit des Alltags, Dauererreichbarkeit, sofortiges Reagieren, die ständige Präsenz digitaler Medien kommen hinzu. Unser Gehirn ist unter Dauerbeschuss. Können wir stattdessen auch mal alle Fünfe gerade sein und Dinge einfach liegen lassen, kann uns das eher nicht passieren, weil unser System entspannt ist und Zeit findet, sich zu regenerieren.

Hier geht es um Selbstfürsorge. Darum, für unser Tun wieder das richtige Maß zu finden. Helfen kann dabei zum Beispiel ein Achtsamkeitstraining – das ist schon seit Langem in Studien belegt worden. Selbstfürsorge heißt auch, Nein sagen zu lernen, Pausen zu machen und auf die Bedürfnisse unseres Körpers zu achten, bevor er schlapp macht. Du kannst dir immer wieder die Frage stellen: »Welche Auswirkungen hat es (für mich, meinen Körper, für mein Baby, meine Familie), wenn ich so weitermache wie bisher?«

Also: Nein. HypnoBirthing bietet nicht den Weg zur perfekten Geburt. Aber es öffnet dir Wege zu tiefen, glücklichen Erfahrungen.

Ein weiterer Mythos im Zusammenhang mit HypnoBirthing (aber auch ähnlich gestalteten Kursen) liegt darin, wir müssten uns die Welt und die in der Medizin Aktiven vom Hals halten, die **Hypnosen** und Übungen nur »richtig« machen, dann würde die Geburt schon sanft, friedlich, schmerzfrei oder gar orgiastisch werden und sogar schneller und interventionsfrei vorübergehen.

> »Welche Auswirkungen hat es (für mich, meinen Körper, für mein Baby, meine Familie), wenn ich so weitermache wie bisher?«

Als wäre HypnoBirthing ein Geburts-Weichspüler. Dann lassen wir die Hypnosen auf Dauerschleife laufen und »beamen« uns weg in schöne Fantasiewelten, wo sich die Geburt dann nur noch im Kopf abspielt, ohne die Beteiligung des Körpers, mit all seinen Signalen und Hinweisen. Wir spinnen einen rosaroten »Geburt ist ja so easy und positiv«-Kokon um uns, den nichts und niemand mehr durchdringen kann. Auch während der Geburt nicht. Je vehementer wir an diesem Kokon spinnen, je stärker wir an ihm festhalten, desto deutlicher ist es ein Hinweis darauf, dass wir versuchen, tiefe Ängste zu deckeln. Fatal wird es, wenn es dann anders kommt, als wir es visualisiert haben, und unser Unterbewusstsein uns während der Geburt all das, was wir versucht haben zu deckeln, um die Ohren haut. Am Ende bleibt dann das Gefühl, versagt zu haben, oder die Meinung, HypnoBirthing funktioniere nicht.

Wenn wir uns in der Vorbereitung auf die Geburt im Denken, Fühlen und Spüren nicht wirklich wahrnehmen, nicht differenzieren lernen und nicht auch mal Unangenehmes in den Blick nehmen, können wir auch nicht wissen, was wir wann brauchen. Wenn wir nur mit dem Kopf an die Geburt herangehen, haben wir am Ende eine Kopfgeburt. Ohne den Körper geht Geburt nun mal nicht, und er hat seine Sprache, seine Signale, die wir hören und verstehen lernen müssen, damit wir auf eintretende Veränderungen reagieren können. Geburt lässt sich nicht hundertprozentig im Kopf »planen« oder fantasieren. Schon gar nicht, weil wir nicht allein sind, auch unser Kind hat einen maßgeblichen Einfluss auf den Geburtsverlauf. Was wir brauchen, ist Hingabe, Offenheit, Bereitschaft. Im Sinne von: »Ich bin einverstanden mit jeder Wendung, die die Geburt nehmen mag.« Weil wir die Kraft und Stärke dafür haben.

Wir können mit HypnoBirthing sehr viel für uns, unser Kind und unseren Partner tun. Wir können die Richtung einschlagen, das Vehikel und den Weg zu unserem (Geburts-)Ziel gestalten. Wie sich das Ziel am Ende gestalten wird, bleibt ein Mysterium.

ANGST FÄLLT NICHT VOM HIMMEL

Ich hatte es schon gesagt: Die größte Problemzone für die Geburt liegt zwischen den Ohren. Eines der größten Hindernisse für entspannte, friedliche und freudvolle Erfahrungen ist Angst. Angst vor der Geburt selbst, wenn es das erste Baby ist, und Angst vor den Schmerzen oder vor Komplikationen, wenn wir bereits geboren und diese Erfahrung als nicht gut in Erinnerung oder gar als traumatisch erfahren haben. Angst ist eine physiologische, also körperliche Reaktion. Sie kann entweder durch ein Ereignis im Außen ausgelöst werden oder durch das, was wir (meist unbewusst) denken. Sie entsteht also zunächst im Kopf. Und hier liegt auch die Lösung.

Angst ist eine Reaktion darauf, dass wir eine Situation oder Lebenslage (unbewusst) als gefährlich einschätzen und bewerten. Wir erfahren sie körperlich durch Stresssymptome (unter anderem erhöhter Puls, Schweißausbruch, Tunnelblick). Interessanterweise werden die gleichen Symptome manchmal als stresshaft empfunden, manchmal aber auch regelrecht gesucht – zum Beispiel beim Bungee-Jumping, im Free-Fall-Tower oder auf der Riesenachterbahn.

Man kann grob zwei Arten von Angst unterscheiden. Beide haben die Aufgabe, uns zu beschützen, weil sie uns Informationen darüber vermitteln, ob wir uns sicher und stabil fühlen können. Die eine ist die biologisch fest verankerte Angst (Urangst im Reptiliengehirn), die uns für reale Gefahren wach hält und damit den Körper beschützt. Wenn sie auftaucht, gilt es zu handeln, um der Gefahr zu entkommen. Hierfür liefern Hormone (das Bekannteste ist das Adrenalin) den nötigen Kraftschub. Wird er nicht umgesetzt, dann staut sich diese Energie im Körper und wird als negativer Stress wahrgenommen.

Die andere ist die psychologische Angst, die sich aus unseren Erfahrungen im Leben aufbaut und daraus, was wir jeweils geschlussfolgert haben. Vielleicht haben wir in uns verankert: »Laut sein ist gefährlich, dann bekomme ich Ärger.« Oder: »Wenn mein Gegenüber lauter wird, bin ich in Gefahr.« Oder einfach: »Geburt ist extrem schmerzhaft.« Aufgrund solcher Glaubenssätze tauchen dann bei passenden Gelegenheiten Ängste in uns auf. Botschafterinnen aus unseren inneren Tiefen, die uns auf einen (gefühlten) Mangel an Sicherheit und Geborgenheit aufmerksam machen. Die psychologische Angst kann sich leicht verselbstständigen und dann über das Ziel hinausschießen. Leider reagieren wir auf sie körperlich mit den gleichen Symptomen wie auf die Urangst.

Sorgen, Ängste, Ansichten, Bewertungen, Weltanschauungen sind letztlich gedankliche Gewohnheiten. Es sind Gedankenmuster, die in unserem Unterbewusstsein abgespeichert sind und die Grundlage unseres tagtäglichen Denkens bilden. Wir steuern damit regelrecht selbsthypnotisch durchs Leben. Denn mit all den inneren Dialogen und Gefühlen hypnotisieren, ja programmieren wir uns ununterbrochen selbst. Alle Gedankenmuster und Überzeugungen wirken in unserem Unterbewusstsein. Dabei sind über 90 Prozent davon noch nicht ein-

Alltagsbewusstsein / fokussierte Aufmerksamkeit

Alltagshandlungen
Willenskraft

Hüter:in der Schwelle

LEBENSARCHIV

Glaubenssätze
Überzeugungen

Kreativität
Ressourcen
Kompetenzen

Selbstbild

Gewohnheiten
Konditionierungen
Erinnerungen
Erfahrungen

autonomes = unwillkürliches
Nervensystem / ANS

Unterbewusstsein / nicht fokussierte Aufmerksamkeit

mal unsere eigenen, sondern von den Menschen übernommen, mit denen wir aufgewachsen sind.

Sie wirken wie ein Filter, durch den wir in die Welt schauen, und sie bestimmen die Sicht, mit der wir unsere Realität, die Ereignisse, die uns widerfahren, und die Menschen, die uns begegnen, definieren und bewerten. Die in uns vorherrschenden Bewertungsmuster bestimmen, wie wir ein Ereignis, das andere Menschen vielleicht als ganz neutral empfinden würden, erleben und bewerten: gut, schlecht, gemein, liebevoll, richtig, falsch etc.

Die Wiederholung in uns verankerter Vorstellungen und Glaubenssätze durch Sprache und Handlung kann im Unterbewusstsein schlummernde Ängste schüren. Besonders in der Schwangerschaft, vor allem unter der Geburt, können diese wie aus dem Nichts ins Bewusstsein treten und sich störend auf den Geburtsverlauf auswirken. Durch Ängste und Befürchtungen kann es dann zu inneren Abwehrreaktionen kommen, die einen enormen psychischen und körperlichen

Negative Einstellung zu Schwangerschaft und Kind

Fehlinformation über die Geburt (aus Erzählungen, Filmen, Literatur/Medien)

Vorurteile

Angst

Mangel an Zuwendung und Geborgenheit

Abwehrhaltung

Erhöhte Muskelspannung

Erhöhter Widerstand der Geburtswege

Schmerz

Erschwerte und verlängerte Geburtsarbeit

Angst-Spannung-Schmerz-Kreislauf

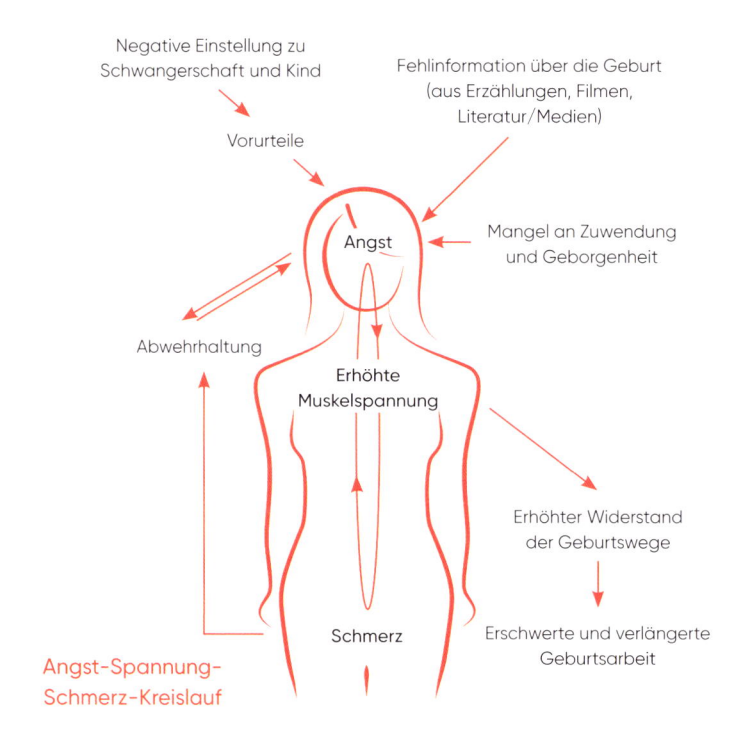

Kräfteverbrauch zur Folge haben. Sie führen gern zu einer erhöhten Spannung insbesondere der Muskeln, die das Becken, den Bauch und vor allem die Geburtswege umschließen. Hierdurch wird der Geburtsprozess erschwert und verlängert, da das Baby gegen den Widerstand verkrampfter Muskeln hinausgepresst werden muss. Das ist schmerzhaft für die Mutter und erschwert dem Kind seinen Weg hinaus. Die Schmerzen steigern wiederum die Angst und damit die Abwehr, Anspannung und Verkrampfung der Muskulatur. Angst, Spannung und Schmerz (ASS) sind somit die drei Faktoren, die maßgeblich einem natürlichen Geburtsverlauf entgegenwirken und ihn unter Umständen verlängern.

Wenn im Umfeld der Geburt Angst auftaucht, dann übermittelt sie dir wichtige Informationen darüber, dass du etwas brauchst. Vielleicht mehr Sicherheit, mehr Ruhe, mehr Zuwendung, einen anderen Umgangston oder was auch immer. Sie fordert dich dazu auf, etwas zu verändern, damit du dich wieder sicher und stabil fühlen kannst. Um das erkennen und entsprechende Bedürfnisse formulieren zu können, bedarf es der Achtsamkeit, die deshalb im HypnoBirthing 2.0 einen wichtigen Platz einnimmt.

Die gute Nachricht ist: Mit psychologischen Ängsten können wir einen konstruktiven Umgang finden. Mit ihnen können wir »reden« und sie auch in ihre Schranken weisen, damit sie uns nicht überrennen. Es gilt zu erkennen, was sie uns sagen wollen. Denn psychologische Ängste sind keine Wahrheiten. Es sind vielmehr gedankliche Gewohnheiten, die Grundlage unserer Glaubenssätze. Sie wirken in unserem Unterbewusstsein, aus diesem heraus definieren wir unsere Realität und glauben dann, das sei die Wahrheit.

> Gedankenmuster lassen sich ändern, wenn man will.

Die nächste gute Nachricht ist: Gedankenmuster lassen sich ändern, wenn man will. Auch die im Zusammenhang mit dem Thema Geburt. Und wie das aussehen kann, erzählen dir die Frauen in diesem Buch. Sie haben einen neuen Weg gewählt.

Wichtig ist noch anzumerken: Es geht überhaupt nicht darum, keine Angst mehr fühlen zu dürfen. Oder, um bei der Metapher mit der Botschafterin zu bleiben, sie in die Wüste zu schicken und zu hoffen, dass sie den Weg nicht zurückfindet. Das wird nicht funktionieren, sie ist ja ein wichtiger innerer Teil von uns, der auf uns aufpasst und auf not-wendige Veränderungen hinweist. Es geht darum zu lernen, gut für sich zu sorgen, wenn sie auftaucht. Es geht darum, ihre Botschaft zu verstehen und zu erkennen, was du gerade brauchst, um dann entsprechende Maßnahmen ergreifen zu können. Auf diese Weise bist du der Angst nicht ausgeliefert, bist nicht ihr Opfer, sondern handlungsfähig. Die folgenden Erfahrungsberichte drehen sich darum, wie HypnoBirthing bei Ängsten helfen kann.

Janina

Meine Blockade war die Angst vor dem Schmerz, nicht der Schmerz an sich

Janina schildert ihre zweite Hausgeburt mit einem fünf Kilo schweren Kind mit vierzig Zentimeter Kopfumfang.

Nachdem mein erstes Kind bereits zu Hause und mit HypnoBirthing-Vorbereitung zur Welt gekommen war und ich zwischenzeitlich die Ausbildung zur HypnoBirthing-Kursleiterin absolviert hatte, war ich mir sicher: Dieses Kind wird noch leichter und entspannter zur Welt kommen.

Wie es immer so ist, gehen natürlich das bewusste Denken und das, was im Unterbewusstsein wirklich wirkt, etwas auseinander. So merkte ich vier Wochen vor der Geburt, dass mir da wirklich noch eine große Angst vor den Schmerzen von meinem ersten Geburtserlebnis im Nacken saß und mich förmlich aktiv auf die Bremse treten ließ, was den Geburtsbeginn anbelangte. Also noch einmal: Atmen, Hypnosen machen, innerlicher Prozess, Hingabe, Annahme … Dann rückte der Termin näher und die Ungeduld wurde größer und größer.

Schließlich fand ich mein Ja zum Geburtsbeginn und endlich war es so weit – nach einer Latenzphase, die schätzungsweise bereits eine Woche gedauert hatte, traute ich den Wellen zunächst nicht. Gegen vier Uhr morgens war ich unruhig, stand auf und tigerte, wie so oft in der Schwangerschaft, durch die Wohnung. Ein paar Wellen deuteten sich an, aber das war so oft so gewesen, dass ich darauf nichts gab. Ich legte mich wieder hin und gegen sechs Uhr ging ich duschen. Immer noch ein paar Wellen hier und da. Ich frühstückte mit meinem Mann, als verdächtig häufig die Wellen kamen – sodass er sicherheitshalber beschloss, heute nicht zur Arbeit zu gehen.

Die Wellen waren überhaupt nicht unangenehm. Also wollten wir zunächst noch eine Runde spazieren. Wenige Schritte und dann wieder eine Welle. Wir riefen also unsere Hebamme an und ich ging das erste Mal in die Wanne. Dort spürte ich weitere sanfte Wellen, die ich mit der 22er-Atmung (Wellenatmung) mühelos veratmen konnte. Danach immer ein Hochgefühl: »Wieder eine geschafft!« Aber immer noch war ich mir nicht sicher, ob es wirklich der Beginn der Geburt sein könnte, was da gerade passierte. Die Hebamme traf ein und untersuchte meinen Muttermund. Den Stand wollte ich nicht wissen, mein Mann sagte mir nur später, dass der Kleine heute noch kommen würde und es kein Fehlalarm sei. Puh, da war ich erleichtert und gleichzeitig aufgeregt.

Ich hatte mir die Geburt so vorgestellt, dass ich bei romantischem Kerzenschein zu meiner Lieblingsmusik mit den Affirmationen im Hintergrund, allerhand hilfreichen Bildchen an der Wand und meinem Lieblingsduft in der Nase, dazu eine sanfte Massage von meinem Mann das Kind in Ruhe in meine Hände gebäre. Tja, in der Realität konnte ich die Wanne nach zehn Minuten nicht mehr ertragen, das Chichi-Licht und diese säuselnde Musik gingen mir total auf die Nerven und eine Massage wollte ich schon gar nicht. Ich tigerte also durch die Wohnung, immer wieder Wellen veratmend.

Erst gegen späten Vormittag wurden die Wellen knackiger. Ich musste mich wirklich auf die Atmung konzentrieren und ging komplett nach innen. Es war ein starkes Gefühl, aber es war sehr gut aushaltbar, meine Hebamme und mein Mann waren großartig: Erinnerung an einen lockeren Kiefer, an das Atmen und Druck auf das Kreuzbein. Dazu die Aufmunterung, dass es bald geschafft sein würde. Ich hatte gehört, dass viele Frauen kurz vor der Austreibungsphase einen Moment haben, wo sie aufgeben wollen. Den hatte ich auch. Das Gefühl, nicht mehr zu können, es nicht zu schaffen. Und dann erinnerte ich mich wieder: Bleib im Hier und Jetzt. Denk von Welle zu Welle und atme einfach nur. Nicht an das denken, was noch kommt. Hier bleiben.

Es half. Zusätzlich machte ich die Erfahrung, dass Tönen mir nicht half. Es war zwar eine gute Ablenkung, aber es kostete auch enorm viel Kraft. Hilfreicher fand ich es, tatsächlich mit der Atmung in das enorme Körperempfinden in den Bauch zu gehen und mitzusurfen statt den Empfindungen auszuweichen.

Ich stieg noch mal in die Wanne. Das war der spannendste Teil der Geburt, was die innere Arbeit angeht: Ich konnte die Angst in mich reinkriechen spüren, die Angst vor dem Schmerz der Austreibungsphase. Und ich wollte diesen

Schmerz nicht. Meine Hebamme und mein Mann waren hier absolut großartig: Du schaffst das, du hast die Kraft! Finde dein Ja. Es geht nur, wenn du dich jetzt entscheidest und Ja sagst. Okay – ein bisschen Zögern und dann sagte ich Ja.

Wieder aus der Wanne, in die Hocke vor der Wanne, in die Arme meines Mannes – und ich schob den kleinen Kerl ins Leben. Und was für ein »kleiner Kerl«: fünf Kilo, vierzig Zentimeter Kopfumfang. Einen so großen Kopf hatte die Hebamme in über dreißig Jahren Berufserfahrung noch nie gesehen. Und ich hatte kaum Verletzungen – einen Mini-Dammriss, der nicht genäht werden musste und im Nachhinein überhaupt nicht spürbar war. Hätte ich es nicht gewusst, ich hätte ihn nicht bemerkt!

Meine Gynäkologin hatte in der 30. SSW ähnliche Maße prophezeit und bereits von Kaiserschnitt gesprochen – ich konnte das nicht glauben, habe mich aber infolge verrückt gemacht mit Louwen-Diät und Diabetes-Kontrollmessungen. Zum Arzt bin ich nicht mehr, habe stattdessen viel innerlich gearbeitet und mir immer wieder gesagt: Dein Körper erschafft nichts, was er nicht auch gebären kann. Also engmaschige Überwachung durch meine Hebamme und siehe da, es ging! Ich möchte allen Frauen Mut zusprechen, in die Kraft des eigenen Körpers zu vertrauen und auf die eigene Intuition zu hören, statt die Macht an ein medizinisches System abzugeben, das in Statistiken, Risiken und Worst Cases denkt.

Im Nachhinein kann ich sagen: HypnoBirthing hat mir die Wellenarbeit enorm erleichtert. Es war fast einfach. Mit den letzten Wellen kam der Schmerz, ja, alles andere wäre gelogen. Aber die Angst vor dem Schmerz hat mich gehemmt – ohne diese leicht angezogene Handbremse wäre es wahrscheinlich noch leichter gewesen. Und trotz der Handbremse: Es war kein Vergleich zur ersten Geburt. Ich war danach geistig und körperlich topfit: Nach zwei Tagen war der Milcheinschuss bereits durch und auch die Nachwellen waren vertretbar. Nach vier Tagen war die Gebärmutter so weit zurückgebildet, dass die Hebamme staunte. Von dem tiefenentspannten Baby, das neben mir liegt, ganz zu schweigen.

Das Angst-Schmerz-Tandem

Angst und erlebte Schmerzintensität bedingen sich gegenseitig und werden von uns selbsthypnotisch gesteuert. Wie wir Schmerz erleben, wird durch verschiedene Faktoren beeinflusst. Zum Beispiel innere Dialoge und Suggestionen, mit denen wir das Körperphänomen Schmerz bewerten. Wenn wir grundsätzlich denken, Schmerz sei etwas Schlimmes oder Gefährliches, reagieren wir anders, als wenn wir ihn einfach als Signal wahrnehmen können, das uns einlädt, den Körper an der entsprechenden Stelle zu versorgen. Bewerten wir die im Zusammenhang mit der Geburt möglicherweise auftretenden Körperphänomene als negativ und als Bedrohung, dann steigert diese Bewertung und Erwartungshaltung leider auch die erlebte (Schmerz-)Intensität.

Dabei prägt uns der in der Kindheit von unseren Eltern und anderen wichtigen Bezugspersonen erlernte Umgang mit Schmerzen sehr. Sie sind unsere ersten Vorbilder. Frage dich einmal: Reagierten sie bei Verletzungen und kleineren Unfällen eher mit Angst oder mit Gelassenheit?

Ein kleines persönliches Beispiel hierzu. Meine Kinder – die einen sehr liebevollen, wertschätzenden Umgang mit ihren Kindern, also meinen Enkeln, pflegen – reagieren auf Unpässlichkeiten oder kleine Unfälle eher pragmatisch-nüchtern, ohne große emotionale Ladung. Da ist etwas passiert, es wird begutachtet, wie schlimm es ist, und dann werden mit viel Liebe entsprechende Maßnahmen vorgenommen, ohne großes Bohei. No big deal. Auch vermitteln sie den Kleinen immer wieder: Dein Körper hat alle Kraft in sich, die er braucht, um sich zu heilen. Lass ihm nur Zeit und sei lieb zu ihm.

Entsprechend reagieren die Kinder: Meine dreijährige Enkelin fuhr mit ihrem Laufrad einmal einen recht steilen Hang hinunter und bekam so schnell Fahrt, dass wir Erwachsenen nicht mehr mitkamen, es ging alles zu schnell. Sie fuhr über einen großen Stein und fiel auf ihr Gesicht. Es war ein Schock für uns alle, aber wir haben erst mal geschaut, wie sie reagiert. Ja, sie weinte und war verwirrt, wollte auf Mamas Arm und vor allem ihre Ruhe. Daheim wurde sie schnell ins Bett gepackt. Als sie nach zwölf Stunden Schlaf am nächsten Morgen aufstand, sah sie aus, als hätte sie einen Boxkampf ausgefochten. Das kleine zarte Gesicht war verschwollen, blaues Auge und die Lippen blutverkrustet. Ein grotesker Anblick. Sie stand auf, ging vor den großen Spiegel im Flur, betrachtete sich, fing an zu lachen und sagte: »Ich seh' aber komisch aus!« Das war's.

Yuna
Ich wollte es am liebsten sofort noch einmal erleben

Nach unguten Erfahrungen bei der ersten Geburt nahm Yuna für ihr zweites Kind eine dreistündige Einzelvorbereitung im HypnoBirthing in Anspruch. Geplante Hausgeburt, dann doch Klinik.

Meine Geburt begann mit einem vorzeitigen Blasensprung am frühen Morgen. Ich habe mich wie verrückt auf die unmittelbar bevorstehende Geburt gefreut und in dem Moment gar nicht dran gedacht, dass es jetzt innerhalb von vierundzwanzig Stunden auch wirklich losgehen muss, da die Geburt sonst eingeleitet werden muss.

Geplant war eine Hausgeburt. Ich blieb also zu Hause und wartete auf regelmäßige Wellen. Es waren sehr unregelmäßige Wellen, von viermal in der Stunde bis hin zu alle vier Minuten … und dann wieder gar keine. Während der ganzen Zeit war ich eigentlich sehr entspannt, habe ab und zu meine HypnoBirthing-CD gehört, geschlafen, bin spazieren gegangen, habe wieder geschlafen und mich während der Wellen auf die Atmung konzentriert.

Ich habe leider die ganze Zeit darauf gewartet, dass es endlich richtig losgeht und hatte immer die Uhr im Kopf, da ich es unbedingt ohne Wellentropf schaffen wollte. Die Hebamme kam in regelmäßigen Abständen, um mittels CTG zu schauen, ob es dem Baby gut geht. Als irgendwann immer noch keine regelmäßigen Wellen da waren, entschieden wir mit der Hebamme, in die Klinik zu fahren, um die Geburt einleiten zu lassen, da jetzt seit dem Blasensprung schon sechsunddreißig Stunden vergangen waren. Ich war wütend auf mich und enttäuscht, habe geflucht und gehcult. Ich war sicher, dass mein Traum von einer schönen Geburt damit geplatzt war.

In der Klinik kam ich gleich an den Wellentropf mit der schwächsten Dosis. Gott sei Dank waren meine Hausgeburtshebamme und natürlich mein Mann dabei. Wir waren nur zu dritt im Kreißsaal, sodass es sehr angenehm war. Ich war so wütend entschlossen, das Ganze jetzt endlich schnell hinter mich zu bringen und war auf das Allerschlimmste gefasst, da ich überall gelesen hatte, dass der Wellentropf so schlimm sei.

Ich hatte schnell alle vier Minuten Wellen, während derer ich geatmet und getönt habe. Die Visualisierung habe ich »vergessen«. Ich war ganz in mich zurückgezogen und wollte mich auch nicht wegbewegen. Nur auf einer Stelle stehen bleiben und die Hüften kreisen. Ich habe eine Stunde lang unentwegt die Hüften gekreist, das hat sehr gutgetan. Vielleicht hat mich das auch etwas in Trance versetzt.

Ich stand von Anfang an aufs Fensterbrett gestützt, wo ich innerhalb einer Stunde meine Tochter geboren habe. Mein Mann stand die ganze Zeit hinter mir und hat mich (und den Wellentropf) gehalten. Es war unglaublich gut, wie er mich einfach nur gestützt hat, fast ohne Worte.

Ich würde sagen, es war eine sehr leichte Geburt. Ich habe auf stärkere Schmerzen regelrecht gewartet. Die eigentliche Stunde der Geburt habe ich als sehr konzentriert, sehr intensiv erlebt. Wahnsinnig toll. Auch jetzt, wo ich schreibe, würde ich es am liebsten noch einmal erleben. Genauso.

Durch das Buch und den Kurs hatte ich wirklich gar keine Angst und war voller Vorfreude. Beim ersten Mal war ich einfach sehr schlecht vorbereitet gewesen. Kein Vergleich! Und unsere Tochter ist das entspannteste Baby, das ich mir vorstellen kann.

Vorbilder und kulturelle Prägung

Wie wir Geburt erleben, ist stark mit unseren (weiblichen) Vorbildern verknüpft und damit, welche Mythen und Geschichten sich in unserem Umfeld um Sexualität, um Periode und Geburt ranken, wie wir selbst eingeführt wurden in diese Themen, welche Glaubenssätze wir in diesem Zusammenhang verankert haben, in welchem kulturellen Klima unsere Vorbilder und wir selbst aufgewachsen sind und wie wir zu (unserer) Sexualität stehen. Genauso beeinflusst uns, wie unser Kind gezeugt wurde – war es ein Wunsch, war es leicht oder ein langer Weg, möglicherweise künstliche Befruchtung.

Neben Angst sind Gefühle von Einsamkeit, Trauer, Müdigkeit, Verzweiflung, Anspannung, Erstarrung, Ohnmacht und fehlendes Körpergefühl Faktoren, die maßgeblich Einfluss darauf haben, wie intensiv oder schlimm wir Körperphänomene wie Schmerzen empfinden. Das hängt unter anderem damit zusammen, dass all diese Zustände Stresshormone auslösen. Und Stress verengt.

Im Gegenzug dazu wirken Zuversicht, Vertrauen in sich und das Leben, Freude, ein guter Körperkontakt, Entspannung, ein Gefühl von Handlungsfähigkeit, Singen, Tanzen, Lachen und gute soziale Kontakte wie wahre Schmerzhemmer, weil sie Oxytocin und Endorphine freisetzen. Und hier kommt HypnoBirthing 2.0 ins Spiel. Weil es den Blick auf Lösungen lenkt und hilfreiche Werkzeuge anbietet, zum Beispiel spezielle Selbsthypnosen und Übungen, mit denen wir gezielt Einfluss auf Angst- und Schmerzerleben nehmen können. Dadurch gewinnen wir Kontrolle über unsere Gefühle, unser Denken und Reagieren und fühlen uns als Folge davon im Geschehen handlungsfähig anstatt ausgeliefert.

Wir liefern wissenschaftlich belegte Informationen über die biologischen Abläufe und die verschiedenen Faktoren, die Geburt negativ wie positiv beeinflussen. Wir zeigen positive, schöne Geburtsfilme, anhand derer zu sehen ist, wie unterschiedlich gute Geburten ablaufen können, und bieten stärkende Affirmationen. Wir achten sehr auf unsere Sprache. Und all das wird aus einer Haltung heraus angeboten, die Sicherheit und Vertrauen vermittelt. Alles, was wir anbieten, soll im Denken, Handeln, Fühlen und Erleben einen Unterschied zur bis-

Schmerzerleben

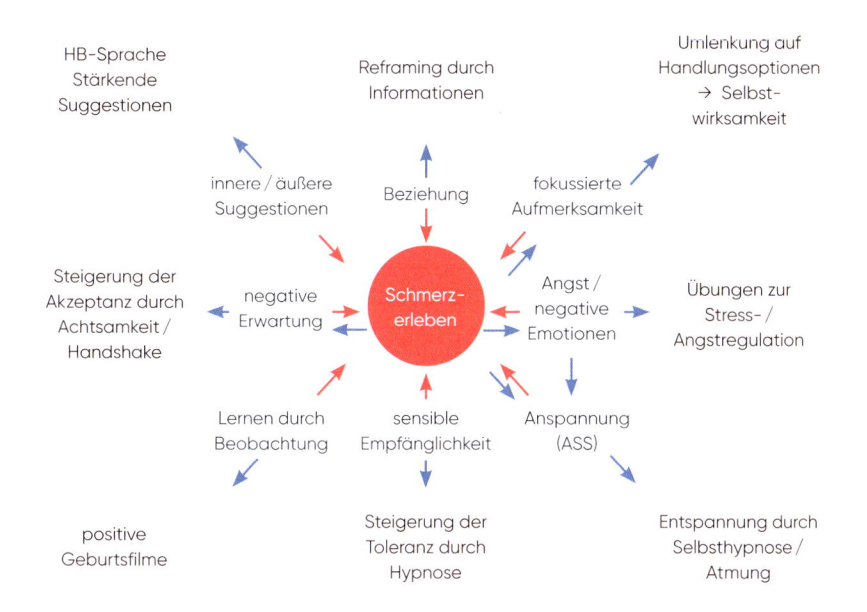

- HB-Sprache Stärkende Suggestionen
- innere / äußere Suggestionen
- Reframing durch Informationen
- Beziehung
- fokussierte Aufmerksamkeit
- Umlenkung auf Handlungsoptionen → Selbstwirksamkeit
- Steigerung der Akzeptanz durch Achtsamkeit / Handshake
- negative Erwartung
- Angst / negative Emotionen
- Übungen zur Stress- / Angstregulation
- Lernen durch Beobachtung
- sensible Empfänglichkeit
- Anspannung (ASS)
- positive Geburtsfilme
- Steigerung der Toleranz durch Hypnose
- Entspannung durch Selbsthypnose / Atmung

herigen Sicht auf Geburt machen und die möglicherweise negative Erwartungshaltung zu mehr Zuversicht hin verschieben. Wir sind überzeugt davon, dass eine gute Geburtserfahrung für jede Frau möglich ist, weil diese in ihrem Gebär-Code angelegt ist. Die Natur will, dass Geburt funktioniert, sie dient ja der Arterhaltung. So können wir in den Frauen wieder Vertrauen in ihre inhärente Gebärkompetenzen wecken – wie auch die Beispiele in diesem Buch zeigen.

Inspirationen für mein Drehbuch

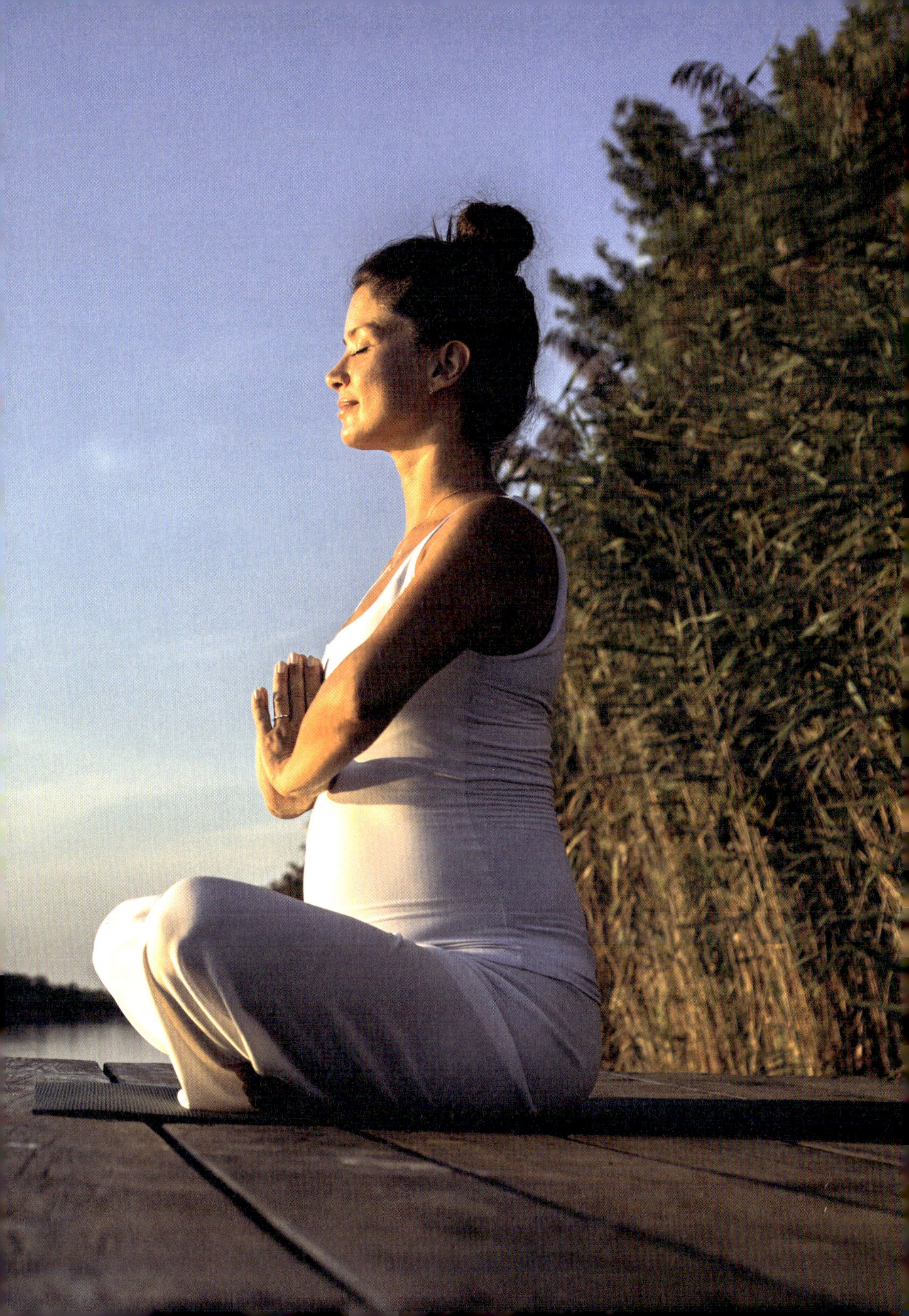

MIT DER KRAFT DES GEISTES

Kennst du das Märchen von Aladin und seiner Wunderlampe, in der ein Dschinn, ein Zaubergeist wohnt, der alle Wünsche Aladins wahr werden lässt? Dieser Geist ist unser Denken, die Kraft, die in unserer Vorstellung liegt, in der alles möglich ist. Diesen Geist hin zu einem guten Geburtserlebnis zu lenken, ist eine zentrale Säule im HypnoBirthing. Warum?

Die Art, wie wir über bestimmte Dinge, Menschen oder das Leben selbst denken, hat einen großen Einfluss auf unser persönliches Leben. Mit unseren Gedanken erschaffen wir uns genau genommen nämlich unsere Zukunft, unsere persönliche Realität. Wissenschaftler haben herausgefunden, dass wir 60 000 bis 70 000 Gedanken am Tag denken, und circa 70 bis 90 Prozent davon sind die gleichen wie am Tag davor. Erschütternd! So viel unbewusste und daher unbemerkte Wiederholung? Ähnlich diesem Dauernachrichtenticker, diesem roten Band, auf dem wir in den Nachrichten ununterbrochen meist negative Schlagzeilen lesen können.

Ein Spruch aus dem Talmud besagt: »Achte auf deine Gedanken, denn sie werden Worte. Achte auf deine Worte, denn sie werden Handlungen. Achte auf deine Handlungen, denn sie werden Gewohnheiten. Achte auf deine Gewohnheiten, denn sie werden dein Charakter. Achte auf deinen Charakter, denn er wird dein Schicksal.«

Es ist fantastisch, wenn wir gelernt haben, achtsam mit uns und unserer Umgebung zu sein und darüber hinaus nicht alles zu glauben, was wir denken. Aber was, wenn nicht? Wenn wir von Ängsten getrieben sind, weil unser innerer Dialog statt mit Vertrauen in die eigene Kraft und ins Leben mit negativen Glaubenssätzen, Problemdenken und Sorgen bestückt ist? Und wir uns damit regelrecht in sich selbst verstärkenden Problemtrancen halten? Der Begriff Problemtrance stammt aus der Hypnosetherapie und bezeichnet einen Zustand, in dem wir tranceartig in einer emotionalen Belastung feststecken. Alle Gedanken kreisen um das Problem; Angst bis hin zu Lähmung sind die Folge.

Auch wenn wir uns Sorgen machen, ob sich das Baby rechtzeitig drehen wird oder ob es sich an den ET hält, damit nicht eingeleitet werden muss, können wir in eine Problemtrance rutschen. Je öfter wir ein Ereignis oder ein mögliches Erleben in Gedanken oder im Gespräch wiederholen, desto stärker und tiefer verankert sich das Problemgefühl in uns. Und da wir evolutionsbedingt dazu neigen, dem Negativen mehr Beachtung zu schenken als dem Positiven, erinnern wir uns auch schneller an das Ungute.

> Willst du Einfluss auf die Geburt deines Kindes nehmen, fang bei deinem Denken an.

Das häufige gedankliche Wiederholen von Problemen ist eine unbewusste Selbsthypnose der negativen Art. Willst du also Einfluss auf die Geburt deines Kindes nehmen, fang bei deinem Denken an. Ich möchte dich daher dafür sensibilisieren, ob du manchmal in Problemtrancen im Zusammenhang mit der bevorstehenden Geburt bist. Wenn ja, kannst du aussteigen. Der erste, wichtigste Schritt ist, es zu bemerken, dann den Fokus umzulenken und bewusst etwas anderes tun. Eine Praxis der Selbsthypnose oder Achtsamkeitsmeditation ist dabei sehr hilfreich. Die folgenden Geburtsgeschichten machen dir sicher noch stärker deutlich, wie wichtig es ist, die Macht des Geistes aktiv zu nutzen.

Sandra

Ich erkannte, dass die Stimmung und meine Gedanken erheblichen Einfluss hatten

Sandra hatte drei traumatische, zum Teil lebensbedrohliche Geburten erlebt. Auf die hier beschriebene vierte hat sie sich mit einem HypnoBirthing-Buch vorbereitet.

Bei meiner vierten Schwangerschaft wollte ich es besser machen und beschäftigte mich intensiv mit dem Thema und dem HypnoBirthing. Dabei wurde mir deutlich vor Augen geführt, was bei meinen ersten drei Geburten »das Problem« war. Bis dahin dachte ich, es wäre einfach Schicksal gewesen und dass ich großes Pech gehabt hatte. Andererseits war ich dem medizinischen Personal dankbar, denn wer weiß, was mir und meinen Kindern Schlimmes widerfahren wäre, wenn sie nicht da gewesen wären.

Schon damals wusste ich genau über den Geburtsablauf Bescheid, schließlich bin ich examinierte Kinderkrankenschwester. Auch besuchte ich einen klassischen Geburtsvorbereitungskurs. Besser hätte ich mich aus meiner damaligen Sicht nicht vorbereiten können. Was mir jedoch ganz klar fehlte, war die emotionale Vorbereitung. Ich stellte mich nicht im Geringsten meinen Sorgen und Ängsten, die mir damals auch nicht wirklich bewusst waren. Ich wollte mich nicht intensiver mit meinen Gefühlen beschäftigen. Im Nachhinein weiß ich, dass ich es aus Angst nicht getan habe. Ich habe mich selbst immer wieder mit dem Gedanken beruhigt, dass schließlich viele Frauen tagtäglich Babys zur Welt bringen und es irgendwie schon gut gehen wird.

Erst in der vierten Schwangerschaft meldete sich eine Stimme in mir, die mir sagte, dass Geburten von der Natur so nicht gedacht sein können, wie die Medizin heute damit umgeht. Erst wächst ganz selbstverständlich ein perfektes Menschlein in einem heran und dann liegt Frau ausgeliefert und überfordert in den Wehen, beeinflusst von vielen medizinischen Interventionen.

So kam es, dass ich nach Lösungen googelte und erstmals auf HypnoBirthing stieß. Gebannt sah ich mir Geburten an, in denen Frauen ruhig und selbstverständlich, meist in der Wanne, ihre Babys zur Welt brachten. Ich war fasziniert und fasste Mut, es diesmal anders machen zu wollen. Ich war offen, neue Wege zu gehen. So bestellte ich mir das Buch von Marie Mongan und hatte nach dem Lesen regelrecht eine Erleuchtung. Ich verstand mit einem Mal, was bei meinen vorherigen Geburten passiert war. Jahrelang hatte ich beruflich mit kranken Kindern gearbeitet. Für mich war es unterbewusst nichts Selbstverständliches, ein gesundes Kind zur Welt zu bringen. Diese Sorge begleitete mich auch bei jeder Geburt. Die Zusammenhänge des Angst-Spannungs-Schmerz-Syndroms brachten Klarheit und erklärten nun auch die schmerzhaften Wellen, meine Verzweiflung, die abfallenden Herztöne im Mutterleib und die daraus folgenden medizinischen Interventionen. Ich erkannte, dass die Gefühlslage, die Stimmung, meine Gedanken einen erheblichen Einfluss auf die Geburt hatten.

> Zuversichtlich und diesmal voller Vertrauen in mich bereitete ich mich auf die vierte Geburt vor.

Zuversichtlich und diesmal voller Vertrauen in mich bereitete ich mich auf die vierte Geburt vor. Es war, als hätte dieses Buch tiefes Wissen in mir wachgerufen, was durch äußere Umstände, durch mein verkopftes Denken blockiert war. Es hatte die sichere Überzeugung in mir geweckt, dass ich es schaffen kann. Plötzlich war alles klar, alles ergab einen Sinn und war so einfach.

Ohne Druck pickte ich mir die für mich stimmigen Übungen heraus, wandelte sie für mich ab und baute sie in meinen Alltag ein. Für mich persönlich brachte das **Drehbuch** die Veränderung. Ich stellte mir Situationen vor, die mich beruhigen – wie die Vorstellung, warmen Sand durch meine Hände rieseln zu lassen oder barfuß am Strand entlangzulaufen. Zudem visualisierte ich mir immer wieder in neuen Varianten meine Geburt. Sicher, einfach und voller Vertrauen brachte ich gedanklich im warmen Wasser einer hawaiianischen Badebucht mein Baby zur Welt. Im Hintergrund hörte ich immer wieder die gleiche entspannende Musik. Auch lernte ich, gezielt wieder Verbindung zu meinem Körper aufzubauen, indem ich übte, meine einzelnen Körperpartien in die Entspannung zu bringen oder einfach nur das wahrzunehmen, was gerade ist. Auch die Atemübungen baute ich regelmäßig in meinen Alltag mit ein.

Schon in der Schwangerschaft stellte ich durch die Übungen eine große Veränderung fest. Ich freute mich sehr auf mein Baby. Mir wurde bewusst, dass ich mich in den vorherigen Schwangerschaften aus Schutz vor einer Enttäuschung nicht getraut hatte, mich zu freuen. Das war nun anders. Meine Freude war ganz besonders groß, gepaart mit dem Vertrauen in mich selbst.

Als es dann losging, erledigte ich noch Alltagsarbeiten und veratmete meine Wellen während des Einkaufens. Ich sah es als etwas Selbstverständliches an und wusste instinktiv, es dauert noch. Zu Hause nahm ich ein entspannendes Bad und ging gedanklich noch mal mein **Drehbuch** durch. Als mir mein Gefühl und die Stärke der Wellen mitteilten, dass es nun Zeit war ins Krankenhaus aufzubrechen, fuhren mein Mann und ich los.

> Auch jetzt, wo die Wellen stärker und stärker wurden, spürte ich deutlich, dass meine Einstellung eine große Veränderung gebracht hatte.

Im Krankenhaus fanden zunächst die üblichen Untersuchungen statt. Danach spazierte ich noch eine ganze Weile herum. Die Wellen wurden bald immer stärker. Ich bemühte mich, durch Visualisierungen meinen Körper entspannt zu lassen und nicht in den Widerstand zu gehen. Das Einatmen einer entspannenden Farbe, die sich in meiner Vorstellung in meinem ganzen Körper verteilt, half mir enorm, in der Ruhe und in meiner Mitte zu bleiben.

Nach einem Fußbad spürte ich zunehmend, wie die Geburt voranging. Auch jetzt, wo die Wellen stärker und stärker wurden, spürte ich deutlich, dass meine Einstellung eine große Veränderung gebracht hatte. Ich freute mich auf jede Welle, dies hätte ich mir bei den vorherigen Geburten nicht einmal im Ansatz vorstellen können. Im Wechsel veratmete ich die Wellen im Stehen oder durch kreisende Beckenbewegungen auf dem Gymnastikball, bis ich schließlich in die Wanne stieg.

Die Hebamme berücksichtigte meine Wünsche: mich nur so wenig wie möglich zu untersuchen und mich und meinen Mann einfach machen zu lassen. Sie vermittelte mir durch ihre Anwesenheit Sicherheit und strahlte gleichzeitig Vertrauen und Gelassenheit aus. Sie dimmte das Licht und zündete eine Kerze an. Auch das unterstützte die entspannte Atmosphäre und machte, im Gegensatz zu den grell erleuchteten Kreißsälen bei den vorherigen Geburten, den Unterschied aus.

In der Wanne hörte ich immer wieder die Musik, die ich auch bei meinem abendlichen Gedankenspiel auf Hawaii angehört hatte, und reiste wie gewohnt an diesen vertrauten Ort. Mein Körper war darauf konditioniert und reagierte entsprechend entspannt.

Ich kann nicht sagen, dass ich eine schmerzfreie Geburt hatte, jedoch konnte ich sehr gut mit den Wellen umgehen. Ich hatte es in der Hand, ich fühlte mich nicht ausgeliefert und vertraute mir und meinem Körper vollständig. Zeit und Raum blendete ich überwiegend aus und war vertieft in meine Fantasiewelt.

Erst während der eigentlichen Geburtsphase wurde ich aus meiner Fantasiewelt gerissen. Ich hatte der Hebamme nicht explizit mitgeteilt, dass ich auch jetzt gern auf mich und meinen Körper hören wollte. Sie meinte es gut, wollte mich unterstützen und gab mir Anweisungen, was ich jetzt tun sollte (pressen, Luft anhalten …). Das irritierte mich und holte mich aus meiner entspannten Welt heraus. Vor allem war ich irritiert, weil ich keinerlei Pressdrang verspürte. Zu diesem Zeitpunkt war mir nicht klar, dass es auch völlig normal sein kann, keinen Pressdrang zu haben. Und so kam der Gedanke auf, dass irgendwas mit mir nicht in Ordnung sein könnte. Erst ab diesem Zeitpunkt wurde mein Schmerzempfinden kurzzeitig verstärkt. So kam unser Sohn während der letzten Wellen, unter Anweisung der Hebamme im Wasser zur Welt. Ich bin mir im Nachhinein sicher, dass die Geburt ohne die Anweisungen bis zum Schluss komplett friedlich und ohne Pressen und Drücken verlaufen wäre.

Nach der Geburt musste ich mich einige Sekunden sammeln. Meine Augen hatte ich noch geschlossen. Als ich sie öffnete, um nach meinem Baby zu sehen, sah mich die Hebamme voller Freude an und sagte: »Wir haben gewartet, bis du so weit bist, du darfst dein Baby selbst aus dem Wasser holen.« Dafür bin ich meiner Hebamme bis heute von Herzen dankbar. Welch schönes Gefühl, das Baby,

> Zu diesem Zeitpunkt war mir nicht klar, dass es auch völlig normal sein kann, keinen Pressdrang zu haben.

mein Baby selbst zu mir zu holen, auf meine Brust zu legen und es zu begrüßen. Entspannt lag unser Sohn auf meiner Brust. Viel klarer und bewusster als bei den vorherigen Geburten konnte ich diesen besonderen Moment wahrnehmen und genießen. Noch im Kreißsaal legte ich meinen Sohn an und er trank ganz selbstverständlich und problemlos.

Auch wenn der Endspurt etwas holprig war, so habe ich diese Geburt als etwas Magisches empfunden, was mich zutiefst beeindruckt und nachhaltig geprägt hat. Wir Menschen sind so mächtig und können mit unseren Gedanken so vieles bewegen. Wir können Heilungsprozesse anregen, Schmerzen lindern, Ängste und Depressionen mindern und vieles mehr. Viel zu wenig schenken wir dieser Macht, dieser Gabe unsere Aufmerksamkeit.

Nicht nur für die Geburt ist das Körper-Geist-Prinzip von allergrößter Wichtigkeit, auch bei der Kindererziehung, im Alltag und im Arbeitsleben werden sich magische Dinge ereignen, wenn wir wieder bereit sind, unsere Aufmerksamkeit nach innen zu richten und unseren Gefühlen Vertrauen zu schenken.

Elisabeth

Es ist nicht nur eine körperliche Kraft, sondern auch eine geistige, absolut einmalig

Auch bei ihrem zweiten Kind, einem ziemlich großen Baby, wählte Elisabeth eine Hausgeburt, voller Vertrauen in den eigenen Körper.

Die letzten Tage vor der Geburt konnten wir zu dritt bei wunderschönem Frühlingswetter in vollen Zügen genießen, da mein Mann schon Ferien hatte. Für die Hausgeburt war lange alles vorbereitet und auch ich konnte mich in Ruhe einstimmen. Ja, ich war sogar schon etwas ungeduldig, obwohl ich den errechneten Geburtstermin noch nicht überschritten hatte.

Am nächsten Morgen wurde ich von regelmäßigem Ziehen im Becken wach. Ich kannte das, konnte es deutlich von den Senkwellen in den letzten Wochen unterscheiden und freute mich. Wie zu erwarten war, ebbten diese feinen Wellen ab, sobald ich mich mit meinem Sohn beschäftigte und das Frühstück zubereitete. Trotzdem war ich mir sehr sicher, dass heute unser zweites Kind auf die Welt kommen würde. Nach dem Frühstück wuselten wir alle noch etwas herum: aufräumen, einkaufen, Bett für die Hausgeburt vorbereiten und meinen Sohn zu meiner Mutter bringen. Da unsere Wohnung klein ist, war für mich von Anfang an klar, dass ich ihn bei der Geburt nicht dabeihaben möchte. Während dieser ganzen Zeit kamen die Wellen in mehr oder weniger regelmäßigen Abständen. Ich musste aber meistens noch nicht innehalten, um sie zu veratmen.

> Ich kannte das, konnte es deutlich von den Senkwellen in den letzten Wochen unterscheiden.

Als die Hebamme am späten Vormittag eintraf, war der Muttermund circa drei Zentimeter offen, also ein guter Zeitpunkt für einen Einlauf. Danach legte ich mich hin und wartete darauf, dass die Wellen intensiver werden würden. Aber nichts geschah. Ich hielt es nicht lange im Liegen aus, deshalb bereitete ich das Mittagessen zu. Ich war verunsichert, besann mich kurz und entschied dann, dass wir alles so laufen lassen wie geplant. Ich hatte ja gespürt, dass es losging, und davon wollte ich mich nicht abbringen lassen. Prompt wurden die Wellen etwas kräftiger und nach dem Mittagessen waren sogar schon einige darunter, bei denen ich nicht mehr sprechen konnte.

Als Ruhe in der Wohnung eingekehrt war, legten wir uns hin und machten eine längere Entspannungsübung. Ich fühlte mich wohl mit sanfter Hintergrundmusik und Kerzenschein und begann, die Wellen mit der Wellenatmung zu veratmen. Es war immer noch gut aushaltbar. Die Intensität der Wellen blieb unterschiedlich.

Nach längerem Liegen und Entspannen stand ich auf, die Wellenabstände wurden dabei gleich kürzer. Ich rief die Hebamme an, die am Nachmittag eintraf. Es irritierte mich, dass manchmal sehr lange keine Wellen kamen oder nur ganz sanfte. Ich war innerlich etwas unruhig, weil der Verlauf so anders war als bei der ersten Geburt. Dort ging es langsam, aber stetig vorwärts. Diesen Geburtsverlauf hatte ich im Kopf und musste jetzt loslassen und mich ins Hier und Jetzt hineinbegeben.

Meine Hebamme ermutigte mich, dass ich die Pausen, die mir mein Körper gab, annehmen sollte. Ich stand nach einer Pause im Liegen wieder auf. Wie auf Knopfdruck wurden die Wellen jetzt intensiv. Es tat gut, dabei im Stehen das Becken zu kreisen und mich an der Wand abzustützen oder mich an meinen Mann anzuhängen. Ich wanderte in den Pausen umher und wir redeten. Es war gut und schön, langsam kam ich in den Geburtsfluss. Ich fühlte mich gelöst, voller Vertrauen und Zuversicht. Die Zweithebamme traf ein. Wie wir es uns gewünscht hatten, konnte sie dabei sein, obwohl sie erst vor einer Stunde aus den Ferien gekommen war.

> Ich fühlte mich wohl mit sanfter Hintergrundmusik und Kerzenschein.

Ich legte mich wieder zusammen mit meinem Mann hin. Er unterstütze mich seitlich liegend von hinten, flüsterte mir ermutigende Sätze zu, streichelte mich und war einfach für mich da. Ich spürte, wie effektiv diese Zeit war. Es gab ein paar sehr knackige Wellen, die ich mittlerweile nicht nur veratmen, sondern auch vertönen musste. Trotzdem konnte ich in den Pausen komplett entspannen. Nun spürte ich, wie sich die Muskelarbeit der Gebärmutter veränderte. Sie schob von oben nach unten unser Kind langsam in den Geburtskanal. Ich spürte dies jeweils wie mit einem Ruck nach unten während einer Welle.

Am späten Nachmittag stellte die Hebamme fest, dass der Muttermund circa neun Zentimeter offen war und ich bald dem Mitschiebe-Gefühl nachgeben durfte. Ich drehte mich auf die andere Seite. Ich schwitze und spürte die Anstrengung. Ein kühler Lappen im Gesicht tat gut. Während ein paar Wellen half es, wenn mein Mann mit seinen Händen viel Gegendruck aufs Kreuz gab. Bald spürte ich den sogenannten Feuerring, die Dehnung und das Brennen, das Köpfchen am Beckenausgang, das Druck aufs Gewebe ausübt. Meine Atmung änderte sich, unterstützt durch die Visualisierung einer sich öffnenden Blüte – ich »atmete« unser Baby so gut es ging hinaus. Es ging so schnell, schon konnte ich die Fruchtblase und das Köpfchen mit der Hand spüren. Die Wellen waren immens kräftig. Zwar konnte ich jede Welle annehmen und war völlig frei von Angst oder dergleichen, aber ich redete unserem Baby zu, dass es doch nun kommen solle. Von mir unbemerkt ging die Fruchtblase auf und das Köpfchen war daraufhin mit einer vergleichsweise moderaten Welle da. In einer letzten Welle, die mir nochmals alles abverlangte, wurde unser wunderbares zweites Kind in die Hände meines Mannes geboren.

Die Hebamme musste ihm helfen, da die Nabelschnur zweimal um den Hals und einmal um den Oberkörper gewickelt war und dann endlich konnte er unser Baby auf meine Brust legen. Es fühlte sich innig und vertraut an: so weich, so nass, so warm, schön und richtig. Ich erkannte gleich, wie groß und kräftig unsere Tochter war.

Während der Geburt und auch im Nachhinein staune ich immer wieder, welch faszinierende Kraft der Körper in den Wellen freisetzen kann.

DIE MACHT DEINER VORSTELLUNGSKRAFT

Ein wichtiges Element im HypnoBirthing, eng verknüpft mit dem Denken, ist die Fähigkeit, sich etwas vorzustellen. Diese Macht der Vorstellungskraft kannst du bewusst einsetzen, um zum Beispiel den Muttermund während der Geburt beim Öffnen zu unterstützen – dazu komme ich gleich noch. Du nutzt die unmittelbare Wechselwirkung zwischen deinem Denken inklusive deiner visuellen Vorstellungen auf der einen und deinen Gefühlen und Körperreaktionen auf der anderen Seite.

Leicht zu bemerken sind solche Wechselwirkungen zwischen Körperhaltung und Gefühlen. Das kannst du an dir selbst ausprobieren: Lass mal die Schultern hängen, mach einen kleinen Buckel, indem du dich noch vorn etwas einrollst, Blick auf den Boden, und geh eine Weile in dieser Haltung. Bereits nach einigen Momenten wirst du merken, dass sich allmählich Müdigkeit, eventuell sogar Niedergeschlagenheit einschleicht und du dich erschöpft fühlst.

Umgekehrt geht es ebenfalls: Richte dich auf, mach die Brust weit, richte den Blick nach vorn und bleib eine Weile in dieser Haltung. Jetzt wirst du feststellen, dass du besser atmen und klarer denken kannst, dass sich die Stimmung hebt. Tatsächlich macht eine aufrechte Körperhaltung den Geist wach und den Körper vitaler.

Mit einer bewusst gewählten Körperhaltung – und die wählen wir mit unserem Geist – wirken wir auf unser Gehirn ein, das dann in einer veränderten Weise wiederum auf unseren Mind, auf unser Denken und unweigerlich auch auf das körperliche Geschehen einwirkt. Ein endloser Kreislauf, den wir in eine Aufwärtsspirale lenken können. Das ist durch unzählige Forschungen belegt[5] und wird schon lange im Sport genutzt.

Fachlich ausgedrückt heißt das: Körperausdruck und Körperhaltung bestimmen Kognition, Körperreaktion und Emotion. Also wie es uns geht, so gehen wir. Und wie wir gehen, so geht es uns. Oder um es mit dem Volksmund zu sagen: Der Körper ist der Spiegel der Seele.

Dr. Amy Cuddy[6], eine US-amerikanische Sozialpsychologin, die den Zusammenhang von Körperhaltung und Erfolg erforscht und den Begriff »Power Poses« bekannt machte, hat in diesem Zusammenhang das Motto geprägt: *Fake it, until you become it* (»Tu so lange so, als ob, bis du es geworden bist«). Für uns kann das heißen: Tu jetzt schon so, also denke und handle so, als hättest du bereits eine wunderbare Geburt gehabt.

Warum funktioniert Power Poses? Dem Gehirn ist es gleich, was wir denken, es wird immer darauf reagieren und die entsprechenden Gefühle produzieren, weil es einfach nicht zwischen »real« und »vorgestellt« unterscheiden kann. Für das Gehirn ist alles real, was wir jetzt gerade wahrnehmen, denken oder tun. Das bedeutet letztlich: Die Realität und die Wirklichkeit von uns Menschen entsteht in der eigenen Vorstellung. Und die können wir aktiv beeinflussen. Auch für die Geburt: Wenn deine Realität nur in deinem eigenen Erleben stattfindet, liegt es nahe, dass du Vorstellungen, Bilder und Gedanken bewusst und aktiv so einsetzt, dass sie dir bei der Geburt deines Babys helfen.

Die sich öffnende Blüte

Im HypnoBirthing verwenden wir zum Beispiel die Visualisierung einer schönen, sich öffnenden Blüte, um den Muttermund bei der kurz bevorstehenden Geburt zu unterstützen. Wenn dich das interessiert, kannst du sich öffnende Blüten im Zeitraffer auf YouTube anschauen. Such dir Filme, die dir gut gefallen. Das ist wichtig. Denn während die eine Rosen liebt, kann sie eine andere vielleicht nicht ausstehen, und dann hätte die Visualisierung den gegenteiligen Effekt. Während du den Blüten bei der Entfaltung zusiehst, kannst du Atemübungen machen und in das Gefühl, in das innere Bild gehen, dass sich dein Muttermund ebenso sanft und schön entfaltet. Dass er sich öffnet wie diese Blüte und so der Weg für dein Baby frei wird, damit es bald in deinen Armen liegen kann. Wenn du magst, kannst du deine Lieblingsfarbe aus der *Hypnose* »Mein Regenbogen« hinzunehmen, die du kostenlos von unserer Institutswebsite downloaden kannst.

Wichtig ist, dass du diese Visualisierung erst ab der 36. Woche deinen Atemübungen hinzufügst. Für die Geburt kannst du dieses Filmchen dann auch auf dein Smartphone laden und mit in den Geburtsraum nehmen, um es dort nebenher laufen zu lassen und ab und zu einen Blick darauf zu werfen, wenn dir danach ist. Oder du machst einen Screenshot davon. Nach einer Zeit des Übens brauchen viele das Filmchen auch bald nicht mehr und können eigenständig visualisieren. Spüre einfach, was dir guttut.

Zusätzlich kannst du diese Visualisierung unterstützen, indem du Vorlagen von sich öffnenden Blütenbildern als Mandala ausmalst, dabei deine Lieblingsmusik oder Affirmationen laufen lässt, während die Duftlampe deinen Lieblingsduft verströmt.

Carina
Die Löwin in mir

Carinas erste Geburt war traumatisch, nun gelang die zweite schmerzfrei und ohne Verletzungen.

Im Laufe der Schwangerschaft hat jeder Arzt und auch jeder in der Familie immer wieder die Vermutung geäußert, dass mein Kind früher kommen würde. So kam es, dass meine Mutter schon die zweite Woche auf unserer kleinen Couch nächtigte, um für den Fall des Falles sofort für unseren ersten Sohn da zu sein.

Mittlerweile begannen die engmaschigeren Kontrollen in meiner Wunschklinik. Es wurden alle achtundvierzig Stunden ein Ultraschall und eine Muttermunduntersuchung gemacht, was ich schon als nervig empfand. Vor allem machte mir die Drohung einer baldigen Einleitung große Sorgen, da das bereits bei meinem ersten Sohn gemacht wurde und ich es als sehr traumatisch erlebt hatte.

So tat ich in den Stunden bis zur nächsten Untersuchung jeweils alles, damit die Geburt in Gang kommen konnte. Ich spazierte die halbe Stadt ab, verbrachte mehr Zeit mit kreisenden Beckenbewegungen auf dem Ball als mit Schlaf, ließ mich mit Nelkenöl massieren, ging jeden Abend in ein Nelkenöl-Milch-Bad und hörte Selbsthypnosen zum Geburtsbeginn.

Am langersehnten, errechneten Termin wachte ich am Morgen zum ersten Mal nicht demotiviert auf, denn ich wusste: Heute ist der Tag! Zuvor dachte ich immer, die Geburt geht in der Nacht los.

Auf der Toilette sah ich gleich, dass das Baby gezeichnet, sich also das Geburtssiegel gelöst hatte, und informierte meine Mutter, die an diesem Tag eigentlich nach Hause fahren wollte. Wir genossen ein schönes gemeinsames Frühstück, mein Mann ging noch mal einkaufen für ein leckeres Mittagessen; ich wollte gestärkt sein für die Geburt.

Mein erster Sohn, meine Mama und ich gingen zum nächstgelegenen Spielplatz in den Park. Der Weg dorthin war an diesem Tag beschwerlicher als sonst, der Druck nach unten nahm immer mehr zu, doch ich wollte unbedingt einen ganz normalen Tag verbringen, da ich dachte, es dauert ja bestimmt sehr lang, wie bei meiner ersten Geburt. An der Rutsche angekommen, nutzte ich die Gelegenheit, mich an der Leiter festzuhalten und immer wieder meine Wellen zu veratmen. Hier half mir die **Wellenatmung** sehr. Ich habe sie nicht mit dem Zählen verknüpft, trotzdem gelang es mir wunderbar, die Welle so mit dem Atem zu verbinden, dass ich richtig im Flow war. Der Blick der anderen Mütter auf dem Spielplatz verunsicherte mich jedoch, sodass ich das Gefühl bekam, mich lieber zurückzuziehen.

Ich beschloss, allein den Heimweg anzutreten, und dabei wurde ich ziemlich unsicher, da der Druck so zunahm, dass ich das Gefühl hatte, gleich platzt die Fruchtblase. Und das wollte ich definitiv nicht mitten auf der Straße erleben. Daher kämpfte ich mich nach Hause, ohne während der Wellen eine Pause zu machen. Als ich die Wohnung betrat, merkte ich sofort, wie ich mich entspannte und wohlfühlte in meinen sicheren vier Wänden. Ich berichtete meinem Mann von dem Fortgang der Geburt und wir beschlossen, gemeinsam das Mittagessen zu kochen. Beim Rühren der Guacamole hielt ich immer wieder

> Ich wendete die Wellenatmung an und fing zudem bei jeder Welle an, mir eine sich öffnende Blüte vorzustellen.

kurz inne und stützte mich am Hochstuhl meines Großen ab. Auch hier wendete ich die Wellenatmung an und fing zudem bei jeder Welle an, mir eine sich öffnende Blüte vorzustellen. Nach der Welle wurde weitergekocht. Wieder mit einer extra Prise Chili für mich (obwohl ich das sonst gar nicht mag), da ich davon gehört hatte, es mache den Muttermund weich.

Ich erledigte noch so einiges, da ich dachte, ich hätte Zeit. Da spürte ich auf einmal ein richtiges Knacksen am Beckenboden und wusste: Jetzt ist mein Sohn ins tiefe Becken gerutscht und die Fruchtblase ist geplatzt. Ich drehte mich aus dem Bett und dann ging das Fruchtwasser bereits ab, es war etwas grünlich verfärbt, das verunsicherte mich jedoch nicht. Ich ging auf die Toilette und rief durch die Wohnung: »Hurra, die Fruchtblase ist geplatzt!« Ich bat meinem Mann, langsam mal das Auto zu packen, da wir demnächst losfahren sollten. Eine Dusche wollte ich mir noch gönnen, ich zwängte mich also in unsere kleine Duschkabine, nur um sofort festzustellen, dass sich das gar nicht gut anfühlte. Meine Tonlage änderte sich von einer Sekunde auf die andere und ich rief meinem Mann zu: »Auto. Jetzt. Los!« Ich war nicht mehr in der Lage, einen ganzen freundlichen Satz zu formulieren. Das erschreckte meinen Mann genauso sehr wie mich. Ich wollte wenigstens noch schnell auf die Toilette gehen, doch eine kräftige Welle kam und ich riss tatsächlich den Papierrollenhalter von der Wand. Das war der Moment, in dem ich wusste: Das Baby will jetzt kommen!

Mein Mann schleppte mich irgendwie zum Auto und zum ersten Mal in meinem Leben war es mir total egal, was die Nachbarn und Spaziergänger von mir dachten. Das war ein schönes Gefühl, um ehrlich zu sein!

Es waren die längsten sechs Kilometer in unserem Leben. Wäre es kein Sonntag mit wenig Verkehr gewesen, wir hätten den Weg nicht geschafft. Es stoppten uns gefühlt tausend rote Ampeln und ich wollte auf keinen Fall mein Baby im Auto kriegen. Ich verkrampfte mich so sehr, dass mir übel wurde und ich zu würgen begann.

An der Klinik kam uns ein netter Herr vom Empfang sofort mit einem Rollstuhl entgegen. Er erkannte die Situation und rannte mit mir zum Kreißsaal. Eine liebevolle Hebamme suchte mir ein freies Zimmer und half mir aus der Kleidung.

Eine kurze Untersuchung im Stehen zeigte das Vermutete, ich war bei zehn Zentimetern und es ging sofort los. Meine Atmung veränderte sich intuitiv, trotzdem war ich dankbar für die Tipps und die Anleitung der Hebamme. Sie wollte noch etwas Zeit rausholen und unterstützte mich mit Positionswechseln und Aromaölen gegen die Übelkeit. Auch massierte sie immer wieder ein sehr warmes Öl auf meinen Damm, was ich als wohltuend empfand.

Wow, wie animalisch. Das hätte ich mir gar nicht zugetraut.

Ich war laut. So laut wie wohl noch nie. Ich ging aus mir heraus und dachte einmal kurz: Wow, wie animalisch. Das hätte ich mir gar nicht zugetraut. Mein Mann unterstütze mich liebevoll, kühlte meine Stirn und bot mir immer wieder Wasser an. Mehr wollte ich nicht. Ich spürte, dass es sehr kraftvoll ist, dass ich es schaffe und ihn nur anwesend wissen wollte.

Es war ein kurzer Moment in einer Wellenpause, ich meinte zur Hebamme, dass ich jetzt keinen Bock mehr hatte. Ich wusste aus Geburtsvorbereitungskursen, dass es nicht mehr lange dauert, wenn dieses Gefühl einsetzt. Und so war es auch in meinem Fall. Die Hebamme schmunzelte und schaltete die Wärmelampe an, was mich sehr motivierte und zur Höchstleistung antrieb. Ich legte mich auf die Seite und empfing meinen zauberhaften Jungen. Ich durfte ihn selbst aufnehmen, ein unglaubliches Gefühl!

Das Erste, was ich zu meinem Mann sagte, war: Ich möchte noch mal ein Baby und eine solche Geburt erleben. Es war wie ein Rausch. Ich war überglücklich und so stolz auf mich, ehrfürchtig und dankbar. Auch nach Jahren kann ich mich in diesen Moment so gut reinfühlen und etwas von dieser Kraft für mich nutzen.

Mein Sohn kam nach dreißig Minuten im Kreißsaal auf die Welt. Ich hatte keinerlei Geburtsverletzungen und nicht einmal ein Empfinden von Schmerz. Ich beschreibe es bis heute als Kraft, die durch mich durch ging und der ich mich komplett hingegeben habe. Seit dieser Erfahrung habe ich mich und alles in meinem Leben komplett verändert!

Die Sheela-na-gig: Weibliche Urkraft für die Geburt

Wenn du eine kraftvolle Darstellung zur Visualisierung für dich suchst, kannst du dich von der Sheela-na-gig inspirieren lassen. Sie gilt im irisch-englischen Sprachraum als Göttin des Schutzes, der Geburt, des Todes, der Fruchtbarkeit, der Lebensfreude und der weiblichen Kraft. Sie verkörpert in der keltischen Mythologie die Kraft der uralten Erdgöttin, die gleichermaßen für Leben und Tod steht. Alle Darstellungen der Sheela-na-gig – meist auf Steinreliefs – ähneln einander. Sie zeigen eine nackte alte Frau, die mit beiden Händen ihre Vulva öffnet, die also der Welt ihr Tor entgegenhält. Das Zeigen der Vulva galt als Abwehrgestus gegen die Mächte des Todes, denn über die geöffnete Vulva wird dem Tod das Leben entgegengehalten. Wie machtvoll und kraftvoll!

Tatsächlich gewinnt diese urweibliche Darstellung der Sheela-na-gig zunehmend wieder an Bedeutung. Im deutschsprachigen Raum wurde sie als Visualisierungshilfe in der Schwangerschaft und für die Geburt vor allem durch die amerikanische Hebamme Ina May Gaskin bekannt. Sie gilt als die »berühmteste Hebamme der Welt« und wurde 2011 mit dem sogenannten Alternativen Nobelpreis für ihren Einsatz für eine natürliche Geburtshilfe geehrt.

Du kannst dir ein Bild einer Sheela-na-gig ausgedruckt so aufstellen, dass du sie oft siehst. Vielleicht hast du sogar einen kleinen Geburtsaltar, auf den du sie stellen kannst. Du kannst dir selbst auch eine kleine Skulptur anfertigen – was sehr machtvoll ist, weil du dich dann unterbewusst noch intensiver mit ihrer Symbolik verbindest. Oder du trägst sie als kleinen Anhänger. Sie zu visualisieren kann sehr kraftvoll sein.

SELBSTHYPNOSE: DEIN POSITIVES HIRNKINO

HypnoBirthing arbeitet, wie der Name sagt, mit **Hypnosen**. Mit diesen nutzen wir gezielt die Macht der Vorstellungskraft und richten sie auf ein gutes Geburtserlebnis aus. Das tun wir zum einen, in dem wir im Kurs sorgsam ausgewählte, schöne Geburtsfilme anschauen. Es ist ein »Lernen durch Beobachtung« und dient der De-Hypnotisierung von bewussten wie unbewussten Vorstellungen, Bildern und Klischees, wie Geburt abläuft.

Wenn du hier selbstständig aktiv wirst, solltest du bei der Suche nach passenden Filmen vorsichtig und sorgfältig sein. Es ist nicht einfach, motivierende, inspirierende und wirklich schöne Filme zu finden. Ich verbringe Stunden damit, sie für unsere Ausbildung auszusuchen. Denn auch hier steckt der Teufel im Detail. Selbst wenn sie häufig mit Begriffen wie »HypnoBirthing« oder »sanft« oder dergleichen untertitelt sind, stimmt das meistens nicht mit dem überein, was dann zu sehen ist. Oft sind belastende Details dabei – und so schnell kannst du nicht wegklicken, wie dein Gehirn die Informationen aufgenommen hat. Etwas davon bleibt immer hängen und wirkt im Unterbewusstsein weiter. Um eine negative Erfahrung oder Info, die wir aufnehmen, wieder auszugleichen, sind mindestens drei positive Erfahrungen nötig. Im Anhang habe ich dir ein paar Filme aufgelistet, die ich empfehlen kann.

> Wenn du selbstständig aktiv wirst, solltest du bei der Suche nach passenden Filmen vorsichtig und sorgfältig sein.

Zum anderen bieten wir Hypnosen an, die Ressourcen und Potenzial aktivieren. Leider ist Hypnose für viele immer noch ein Buch mit sieben Siegeln, geprägt von Klischees oder mit negativen Assoziationen verknüpft. Dabei ist sie tatsächlich ein wunderbares und sehr, sehr altes Werkzeug.

Erstaunliche Power der Hypnose

Hypnose beziehungsweise **Trance** gehört zu den ältesten mentalen Heilmethoden überhaupt, von Schamanen, Medizinmännern, früher auch von Hebammen angewandt. Sie war also schon immer Teil der Geburtshilfe, ist aber leider durch die später aufkommende »moderne« Medizin in den Hintergrund gedrängt worden. Seit den Anfängen des letzten Jahrhunderts gewinnt sie wieder an Bedeutung und ist erfreulicherweise längst auch in der gegenwärtigen Wissenschaft angekommen. Heute wird Hypnose unter anderem im Sport zur Leistungssteigerung, in der Psychotherapie und Medizin zu Heilungszwecken und sogar bei Astronauten eingesetzt. Doch obwohl ihre Wirksamkeit wissenschaftlich gut belegt ist, ist immer noch wenig darüber bekannt, warum sie funktioniert.

> In der Hypnose helfen dir speziell ausgewählte Worte und Metaphern, die auf dein Ziel, auf dein Potenzial und deine Ressourcen ausgerichtet sind, eigene Bilder und Gefühle hervorzurufen.

Hypnose ist im HypnoBirthing keine Manipulation seitens der Kursleiterin, während deren Verlauf du nicht mitbekommst, was um dich herum geschieht, oder bei der du Dinge erzählst, die lieber privat blieben. **Hypnose** ist ein Prozess des Nach-innen-Gehens, den du autonom, also ganz von selbst steuerst (daher: Selbsthypnose). Das kann niemand für dich machen. Je nach Tiefe des Trancezustandes, in den du gleitest, bekommst du jedes Wort mit, fühlst dich präsent, hast jederzeit Kontrolle und kannst wieder aussteigen, wenn du willst. Einfach in dem du dich dafür entscheidest. Wie und dass es funktioniert, kannst du anhand der verschiedenen, kostenlosen Hypnose-Downloads von unserer Institutswebsite im sicheren Kämmerlein bei dir zu Hause erfahren.

In der Hypnose helfen dir speziell ausgewählte Worte und Metaphern, die auf dein Ziel, auf dein Potenzial und deine Ressourcen ausgerichtet sind, eigene Bilder und Gefühle hervorzurufen, die dann wie ein innerer Film in dir ablaufen können. Durch Wiederholung prägst du sie dir insbesondere emotional ein, sodass sie mit der Zeit zu der inneren Gefühlswahrheit werden, die du – in unserem Falle für die Geburt deines Kindes – wünschst und auf die dein Körper reagiert.

Der Unterschied zwischen Hypnose und Trance ist vereinfacht erklärt: Hypnose ist das Werkzeug (die Downloads, eine therapeutische Sitzung, aber auch Filme und Musik), Trance hingegen ist der Zustand, der sich in der Hypnose einstellt. In Fachkreisen wird er – neben Wachen und Schlafen – als dritter Bewusstseinszustand angesehen. Du kennst ihn vielleicht von langen Auto- oder Zugfahrten. Trance ist ein Zustand der Tiefenentspannung, der sich ein wenig anfühlt wie der Zustand kurz vor dem Einschlafen oder direkt nach dem Wachwerden. In diesem Zustand verringern oder lösen sich Verspannungen und Angst (auch während der Geburt), du atmest ruhiger und regelmäßiger, deine Muskulatur ist entspannt, deine Blutgefäße weiten sich, der Stresshormonspiegel sinkt. Man sagt sogar, dass zwanzig Minuten Trance (wie sie sich in Hypnose einstellt) die gleiche Wirkung wie zwei Stunden Schlaf haben.

Tatsächlich gehören Trancezustände ohnehin zu jeder Geburt dazu und verstärken sich, je intensiver und konzentrierter du nach innen gehst und das Außen ausblendest. Sie ist ein von der Natur eingerichteter Mechanismus im Gehirn, der Frauen hilft, die Herausforderung der Geburt zu meistern. Wichtig ist jedoch, dass du ganz bei dir bleibst, dich nicht von Gesprächen und Aktivitäten im Außen ablenken lässt. Die Kommunikation mit dem »Außen« sollte jetzt bestenfalls dein Partner oder deine Geburtsbegleitung übernehmen.

Liz Lorenz-Wallacher, Diplompsychologin und Leiterin des Milton-Erickson-Instituts Saarbrücken hat in ihrem Buch *Schwangerschaft, Geburt und Hypnose* die Vorteile der Hypnose für die Geburt beschrieben: Hypnose steigert in hohem Maße die Entspannungsfähigkeit und reduziert den Einsatz chemischer Schmerzmittel, weil sie eine deutliche, zum Teil vollständige Schmerzreduktion bewirkt. Hypnose verkürzt die Eröffnungsphase um circa 20 Prozent, die Frau bleibt länger bei Kräften und sie kann aktiv mitarbeiten. Außerdem reduziert sie das Risiko eines Geburtsschocks, vermindert operative Eingriffe, verringert Blutverlust nach Ausstoßung der Plazenta. Und sie erleichtert das Stillen, da sie den Milchfluss anregt.[7] Ist das nicht wunderbar? Und das alles nur, weil bewusst und aktiv genutzt wird, was uns von der Natur gegeben ist: die Kraft unseres Geistes. So liegt zwar die Problemzone der Geburt oftmals zwischen den Ohren, die Lösung aber dankenswerterweise auch.

Unterstützung vom Hormon Oxytocin

Ein Nebeneffekt gerade der für auf die Geburt ausgerichteten Hypnosen ist, dass die Ausschüttung von Oxytocin angeregt wird, dem sogenannten Liebes-, Kuschel- und Bindungshormon. Es bewirkt gemeinsam mit noch anderen Hormonen (zum Beispiel Prostaglandine, Östrogene) das Einsetzen der Geburtswellen. Während der Geburt steigt die Oxytocin-Konzentration ständig weiter an, die Wellen verstärken sich, bis das Baby schließlich das Licht der Welt erblickt. Beim Stillen führt Oxytocin zur Kontraktion der Gebärmutter und fördert so deren Rückbildung. Es bewirkt auch, das sich die milchbildenden Zellen in der Brust zusammenziehen und Milch in die Milchkanäle pressen, wobei schon das Weinen des Babys eine Ausschüttung von Oxytocin bewirkt, ebenso wenn es dann an der Brust liegt. Aber auch der Körper des Babys produziert nach dem Nuckeln besonders viel Oxytocin.

Mit dem Oxytocin werden zeitgleich auch schmerzstillende Substanzen, nämlich Endorphine und Encephaline (körpereigene Opiate) ausgeschüttet. Diese führen zu einem Gefühl von Befriedigung, Wohlbefinden und sogar Euphorie. Dadurch spielt Oxytocin eine wichtige Rolle bei der Stressregulierung: Es senkt den Spiegel des Stresshormons Cortisol und wirkt auf diese Weise beruhigend und angstlösend, was hilft, sich in den Wellenpausen entspannen zu können.

> Leider ist das Hormon scheu und damit es sich entfalten, ins Fließen kommen und bleiben kann, braucht es eine ruhige, geborgene Atmosphäre, eher gedämpftes Licht, sanfte Musik und ein Gefühl von Sicherheit.

Der Name des Hormons setzt sich übrigens zusammen aus den altgriechischen Wörtern *ōkys* (»schnell«) und *tokos* (»Geburt«): *okytokos* heißt also »leicht gebärend« oder »schnelle Geburt«. Aber leider ist es scheu und damit es sich entfalten, ins Fließen kommen und bleiben kann, braucht es eine ruhige, geborgene Atmosphäre, eher gedämpftes Licht, sanfte Musik und ein Gefühl von Sicherheit. Sobald Stressoren auftauchen, zieht es sich sofort zurück. Schon ein einzelner, unachtsam formulierter Satz eines Geburtsbegleiters kann ausreichen, um das ganze Hormon-Kartenhaus in sich zusammenstürzen zu lassen. Fließen die Wellen dennoch weiter, dann werden sie oftmals nur noch als schmerzhaft empfunden und sind zu allem Überfluss oft auch noch unwirksam. Anstelle der schmerzstillenden Endorphine werden deutlich mehr Stresshormone ausgeschüttet, was wiederum zu entsprechender Anspannung führt. Ein Teufelskreis kann in Gang gesetzt werden.

Was kannst du in einer solchen Situation also tun? Am besten ist es natürlich, das Gefühl von Sicherheit und Geborgenheit wiederherzustellen. Konkret könnte das heißen: Wenn du dich während der Geburt in so einem Teufelskreis wiederfindest und das Geburtsteam vielleicht sogar schon vom »Wehentropf« redet, dann bitte dir Bedenkzeit aus und zieh dich mit deinem Partner oder deiner Partnerin an einen geborgeneren, privateren Ort zurück (Stationszimmer, Garten, Aufenthaltsraum, sogar Toilette …). Allein das kann schon helfen. Und vielleicht habt ihr dann dort sogar Lust, euch ein bisschen zu küssen. Es mag nicht für jede etwas sein, unter der Geburt zu knutschen. Aber wenn es für dich irgendwie vorstellbar ist, dann einfach mal ausprobieren. Auch sehr wirkungsvoll ist die Stimulation der Brustwarzen. Neben der Oxytocinausschüttung, die die Wellen wieder ankurbelt, bewirken die zärtlichen Küsse, das Streicheln und allein schon der Hautkontakt ein Weich-und-weit-werden des Beckenbodens. Das begünstigt sowohl die Öffnung des Muttermundes als auch das Tiefertreten des Babys im Geburtskanal.

MEHR OXYTOCIN

Möglichkeiten, wie du deinen Oxytocinpegel – bereits vor der Geburt und auch unabhängig davon – erhöhen kannst: Massagen, Kuscheln und guter Sex, gute Musik, Tanzen, Singen, Lachen, Dinge tun, die du liebst, Tiere streicheln, Umarmungen – im Englischen sagt man *Hugs before drugs* (frei übersetzt: »Kuscheln statt Medikamente«) –, Meditation, anderen Menschen eine Freude machen, etwas verschenken, empathisch sein. Und natürlich Hypnose.

SO KANNST DU DIE SELBSTHYPNOSE NUTZEN

Mit Hilfe unserer Downloads oder auch anderer geführter Meditationen kannst du aktiv positive Selbsthypnose üben. Sie ist ein bewusster Lernprozess, letztlich auch eine Art Mentaltraining. Und wie bei jedem Training verbessert sich das gewünschte Ergebnis, je häufiger wir trainieren. Und nur, wenn wir trainieren. Mit jeder Wiederholung fällt es dir zunehmend leichter, in den gewünschten Trancezustand zu kommen und diesen zu vertiefen. Auch hilft dir Wiederholung dabei, deine Aufmerksamkeit im gewünschten Thema oder Gefühl zu halten. So erhält das Unterbewusstsein vertiefende Unterstützung auf das gewünschte Ziel hin und in der Trance werden neue Erfahrungen als möglich etabliert.

Wenn du dich mit Selbsthypnose auf die Geburt oder das Stillen vorbereiten willst, dann wähle eine gute Zeit, ohne Termindruck oder dringliche To-dos. Behalte den gleichen Zeitraum für weitere Selbsthypnosen bei (zum Beispiel morgens vor oder nach dem Frühstück). Wähle außerdem den richtigen Ort. Auch das Üben der Selbsthypnose braucht gute Voraussetzungen für ein Gelingen. Dazu gehört insbesondere eine störungsfreie, ruhige Umgebung. Schalte Störfelder aus: Smartphone, Wecker, Türklingel oder sonstige technische Geräte. Entferne am besten alles aus deinem Umfeld, was dich ablenken könnte. Bitte alle Menschen in deiner Nähe, während dieser Zeit still zu sein, wenn du nicht allein sein kannst. Entwickle eine Routine durch Regelmäßigkeit. Am besten täglich zur gleichen Zeit, am gleichen Ort. So hilfst du deinem Geist und deinem Körper, eine Gewohnheit daraus zu machen, die es dir dann ermöglicht, dich von Mal zu Mal schneller, unabhängig von der Umgebung, in eine hypnotische Trance zu bringen, wenn du das willst.

Mach es dir bequem, ohne dich zu sehr einzukuscheln oder einzulümmeln. Dein Oberkörper sollte entspannt, jedoch frei sein, damit der Atem gut fließen kann. Wertschätze dich und danke dir selbst dafür, dass du dir jetzt Zeit für dich einräumst. Benenne deine Absicht – dein Wofür (nicht warum du die Hypnose machen willst, sondern wofür). Der kleine, aber nicht unbedeutende Unter-

> Entwickle eine Routine durch Regelmäßigkeit. Am besten täglich zur gleichen Zeit, am gleichen Ort.

schied zwischen »Warum« und »Wofür« ist: Mit deinem »Wofür« richtest du deine Energie und Aufmerksamkeit auf dein Ziel, auf deine Zukunft aus. Ein klar definiertes Ziel entfaltet – sobald du es in den Fokus genommen hast – aus sich heraus seine Anziehungskraft. Damit mobilisierst du bewusst wie unbewusst in dir wohnende Kräfte, um dein Ziel auch zu erreichen. Während dich das »Warum« gedanklich mehr auf die Suche nach einem Grund führt, der in der Regel jedoch in der Vergangenheit liegt.

Nun bring dich in Gedanken und Gefühlen an einen schönen und sicheren inneren Ort – einen Ort deiner Fantasie, den nur du besuchen kannst.

Tönen, Singen und Musik

Sehr direkt und leicht kannst du mit Musik und dem Singen dein Oxytocin zum Fließen bringen und so aus einem negativen Gefühlskarussell aussteigen. Damit verbesserst du deine Stimmung innerhalb von wenigen Minuten und machst nebenher auch noch dein Baby glücklich. Denn Musik, Klang und Schwingung sind mächtige Werkzeuge, um Emotionen fast augenblicklich zu verändern. Ob du schlapp, genervt, ungeduldig oder nervös bist, dich unausgeschlafen fühlst oder Angst hast – Musik kann den Dreh bringen. Auch während der Geburt! Es gibt schöne englische YouTube-Videos mit singenden Gebärenden (Quellen siehe Anhang).

Durch den gezielten Einsatz von bewusst ausgewählter Musik, von Klängen und Vibration (zum Beispiel über Klangschalen) kannst du deine Stimmung heben, den Körper wieder ins Gleichgewicht bringen und einen Raum für tiefe Heilung schaffen. Eine interessante Studie hat gezeigt, dass das Hören eines Metronoms mit einem gleichmäßigen Takt von 66 Beats pro Minute Ängste effektiver reduzieren kann als das Sitzen in Stille, also die pure Meditation.[8]

Indem wir häufig ein Lied hören, das Freude, Lust an Bewegung, Leichtigkeit oder dergleichen wachruft, können wir negative Emotionen schnell – innerhalb von Minuten – verändern und über die Zeit sogar eingeschränkte Glaubenssysteme wandeln. Auch hier ist entscheidend, sich auf die Emotionen im Lied einzulassen, sie wirklich zu fühlen und täglich und konsequent dranzubleiben. Solche Lieder sollten nicht nur einfach im Hintergrund nebenher laufen, wenn du Musik als direkten Schlüssel zu Wohlbefinden und manchmal sogar Heilung nutzen willst.

Das Rezept für deine musikalische Hausapotheke kannst du dir selbst ausstellen, indem du dir deine persönliche Playlist zusammenstellst, die zu den von dir gewünschten Gefühlen führt – und die du in den Kreißsaal mitnehmen kannst. Denn erlaubt ist alles, was die Geburt voranbringt, und Lachen, Tanzen und Singen gehören dazu. Wenn du die Liste zusammenstellst, frage dich: »Was höre ich gern? Was fühle ich dabei? Bringt mich dieses Stück in die Gefühlslage, die ich haben will?«

Verstärken kannst du den wohltuenden Effekt noch durch aktives (am besten lautes) Mitsingen. Dabei geht es um den Akt des Singens selbst, nicht darum, wie gut du singst! Singen tut gut, weil Singen Atmen ist, den Körper entspannt und Glückshormone freisetzt. Es hat einen breitgefächerten Einfluss auf Körper und Gemüt – und deshalb gibt es mittlerweile sogar ein internationales Netzwerk zur Förderung des Singens in Gesundheitseinrichtungen, genannt »Singende Krankenhäuser«.[9]

Durch Singen – und genauso Tönen oder das Chanten von Mantras – kannst du das Bonding zu deinem Kind schon sehr früh stärken. In deinem Körper herrscht allein durch deinen Herzschlag in Verbindung mit den anderen Körpergeräuschen ein einzigartiger Klangteppich. Diesen besonderen Sound kann dein Kind bereits ab der zehnten bis vierzehnten Schwangerschaftswoche wahrnehmen, da sich in dieser Zeit sein Hörnerv entwickelt. Damit sich das Gehör gut ausbilden kann, braucht es Anregungen. Diese bekommt es durch den Klangteppich, der das Baby ständig umgibt, und besonders über deine Stimme, die über die Knochen in deinem Körper als Körperschall verstärkt wird. Die guten Gefühle, die dir das Singen gibt, erfreuen natürlich ebenfalls dein Kind.

Svenja
Bei dieser Geburt fühlte ich mich am stärksten mit mir selbst verbunden

Es ist Svenjas drittes Kind, das als Hausgeburt im Pool zur Welt kam; keine Geburtsverletzungen. Svenja ist selbst Hebamme.

Bis zum ET sind es noch dreizehn Tage, meine beiden »großen« Töchter kamen genau zum Termin, doch an diesem Abend spüre ich bereits, dass sich unser drittes Kindlein jetzt auf den Weg machen will. Ich sage meinem Mann aber noch nichts. Wir entscheiden, einen Film zu schauen – was Lustiges! Loriots »Ödipussi«. Herzhaft lachen unterstützt ja wundervoll die Oxytocinausschüttung. Währenddessen kommen die Wellen schön regelmäßig, ungefähr alle fünfzehn Minuten, und vor allem daran, dass sich etwas in mir nach unten arbeitet, merke ich, dass die Geburt begonnen hat. Nach dem Film weihe ich meinen Mann ein, der spürbar ein wenig nervös wird – bei uns beiden überwiegt jedoch die Vorfreude darauf, unser Kind bald im Arm zu halten.

Da unsere Tochter hier bei uns zu Hause auf die Welt kommen soll, treffen wir noch letzte Vorbereitungen und ich spüre in mich rein, ob ich mir die Geburt im Wohnzimmer oder doch im Bad besser vorstellen kann. Wir gehen spät ins Bett, ich schlafe nicht mehr, aber mein Mann, immerhin. Ich döse in den Wellenpausen, stehe schließlich auf und ziehe ins Wohnzimmer um, weil ich mich bewegen und mir meine Hypnose über die Kopfhörer anhören will. Ich genieße es, ganz allein zu sein, und mache Kerzen an.

Die Wellenatmung kommt für mich einer Offenbarung gleich: Auch wenn die Wellen bereits merklich an Intensität zugenommen haben, komme ich mit der ganz langsamen Einatmung in den Bauch wunderbar zurecht. Wie bei meinen ersten beiden Geburten auch spüre ich jede Welle vor allem im Kreuzbeinbereich, und hier macht die Wellenatmung für mich einen riesigen Unterschied: In den Wellen, die ich versuchshalber ohne Wellenatmung veratme, lechzt es mich nach Druck von außen auf mein Kreuzbein und ich bin drauf und dran, meinen

Mann zu wecken. In den Wellen mit Wellenatmung brauche ich keinerlei Druck von außen. Dazu sei gesagt, dass ich meistens nicht bis auf 22 komme, trotzdem hilft es mir sehr! Und dabei war ich als Hebamme gerade dieser Atemtechnik gegenüber eher skeptisch eingestellt gewesen … So bleibe ich fürs Erste noch ganz allein und genieße es, liege größtenteils in Seitenlage auf der Couch, atme mich durch, höre meine Hypnose und visualisiere von Welle zu Welle einen gut durchbluteten, weichen Muttermund.

> Fürs Erste bleibe ich allein und genieße es, liege größtenteils in Seitenlage auf der Couch, atme mich durch, höre meine Hypnose und visualisiere von Welle zu Welle einen gut durchbluteten, weichen Muttermund.

Gegen frühen Morgen nimmt der Druck nach unten in einer Welle plötzlich stark zu, ich bekomme kurz Panik und wecke in Eile meinen Mann, weil es sich anfühlt, als würde die Ankunft unseres Kindes nicht mehr lange auf sich warten lassen. Er ist etwas überfordert, so plötzlich ins Geschehen geworfen zu sein (wie er mir später gesteht). Während ich in die Badewanne steige, ruft er unsere Hebamme an, die sich direkt auf den Weg macht und eine gute halbe Stunde später eintrifft. In der Wanne nehme ich die Kopfhörer ab, die ich bis dahin fast kontinuierlich auf den Ohren hatte, und atme so weiter wie bisher schon. Ich bin nun deutlich entspannter mit dem Druck, weil ich weiß, dass mein Mann da ist, und meine Hebamme gleich kommt. Unsere beiden großen Töchter sind mittlerweile auch wach. Und aufgeregt! Während ich in der Wanne liege, organisiert mein Mann noch eine Betreuung für die zwei. Sobald die Haustür ins Schloss fällt und meine Kinder versorgt sind, nimmt der Druck nochmal zu und ich fange impulsiv an mitzuschieben. Ich setze mich in der Wanne hin und schiebe ganz nach Gefühl mit, was ich – wie bei den ersten beiden Geburten – als wahnsinnig befreiend empfinde.

Ich fühle mich wie eine Löwin! Unglaublich. Ich rede nur das Allernötigste, viel weniger im Vergleich zu den ersten beiden Geburten, und erlaube mir, mich nur um die Entspannung, das Visualisieren, Atmen und Mitschieben zu kümmern. Meine Geburtsbegleiter kämpfen mit der Luftfeuchtigkeit in unserem kleinen Bad und mit einem Blick auf meinen Mann rutscht mir raus: »Du siehst fertiger aus, als ich mich fühle«, was uns alle zum Lachen bringt.

Kurz vor der Geburt spüre ich, dass ich meine Position in der Wanne ein wenig ändern muss, um meinem Baby das letzte Um-die-Kurve-kommen zu erleichtern. Und wirklich, in der nächsten Welle schiebt sich das Köpfchen ein gutes Stück tiefer. Zwei Wellen später ist sie da, unsere dritte Tochter! Ganz wach ist sie, fast erstaunt wirkt ihr Gesichtsausdruck, wie sie da bei mir auf dem Bauch liegt und ankommt. Zur Geburt der Plazenta ziehen wir ins Schlafzimmer um und ich bin so glücklich, dass ich nach diesem Gang einfach im Bett bleiben kann. Geburtsverletzungen habe ich keine, meine Tochter stillt nach kurzer Zeit bereits das erste Mal und es klappt, als hätte sie nie etwas anderes getan!

Von meinen drei Geburten war es die, bei der ich mich am stärksten mit mir selbst verbunden gefühlt habe, weil meine Aufmerksamkeit viel mehr nach innen gelenkt sein durfte und ich mir zugestand, alle anderen Aufgaben an meinen Mann und unsere Hebamme abzugeben. Die Hypnose, die ich am Anfang der Geburt anhörte, half mir enorm, meinen Trancezustand immer wieder zu vertiefen, fokussiert zu bleiben und zu visualisieren, wie mein Muttermund butterweich dem Köpfchen nachgebend aufgeht. Auch wenn es Wellen gab, in denen volle Präsenz von mir gefordert war und auch wenn ich zwischendurch die Befürchtung hatte, vielleicht »nicht gut genug zu atmen« und »nicht gut genug zu visualisieren«, gelang es mir mithilfe des Handshakes (siehe nächste Seite) immer wieder, die Gedanken Gedanken sein zu lassen, mich zu zentrieren und einfach weiterzumachen – denn Gedanken sind keine Fakten.

ACHTSAMKEIT – DAS MINI-SPA FÜR DIE SEELE

Im letzten Geburtsbericht konntest du vom Handshake lesen und auch andere Frauen werden noch davon berichten. Das ist eine wesentliche Achtsamkeitsübung aus dem HypnoBirthing. Denn um zu wissen, auf welches der Werkzeuge aus dem Kurs unsere Schwangeren in welcher Situation zugreifen wollen, müssen sie zuerst achtsam wahrnehmen, das etwas in ihnen abläuft und was los ist. Sie müssen unterscheiden lernen, ob dieses »Etwas« gerade Müdigkeit ist oder eher Stress, Ärger über etwas oder jemanden oder Unsicherheit und so weiter. Das ist für die Geburt wichtig, aber auch für den Alltag.

Der Handshake nun ist die wichtigste Wahrnehmungsübung und die Grundlage, um sich gut spüren zu lernen und in einen wirklichen Kontakt mit dem eigenen Körper zu kommen. Mit dem Handshake trainieren wir unseren Mind darin, innere und äußere Phänomene wahrzunehmen und sie zu beobachten, ohne sie zu werten und ohne etwas verändern zu wollen. Mit ihm schulen wir unseren Geist darin, zur Ruhe zu kommen und ruhig zu bleiben, ganz gleich was im Außen geschieht. Wir verfeinern unsere Wahrnehmung im Hinblick auf das, was wir denken und fühlen, und lernen diese beiden Zustände zu unterscheiden. Schlussendlich werden wir flexibler und entspannter im Umgang mit dem, was geschieht, und verstärken unsere Akzeptanz dessen, was gerade ist.

Die wesentliche Haltung, die wir beim Handshake einüben ist: »Ich nehme das Phänomen wahr, das im Augenblick da ist« (eine Körperempfindung, ein Gedanke, eine Stimmung, ein Ereignis im Außen …). Auch das, was uns nicht gefällt, was wir nicht wollen, was uns unangenehm ist, aber trotzdem gerade da ist. Wir reichen ihm innerlich kurz die Hand und begrüßen es mit einem freundlichen Hallo. Dann lassen wir wieder los. Man schüttelt ja niemandem ununterbrochen die Hand, oder?

Daniela

Verrückt, dass man sich so über Wellen freuen kann!

Daniela beschreibt hier die Geburt ihres zweiten Kindes, sie hatte zuvor zwei Sternenkinder-Schwangerschaften. Zunächst wegen Querlage und angekündigtem Kaiserschnitt psychisch stark herausgefordert, Abbruch der Hausgeburt, Transfer in die Klinik. Dort selbstbestimmte kraftvolle Geburt. Heute ist sie selbst HypnoBirthing-Kursleiterin.

Zur Mitte der Schwangerschaft hin begann ich die Schwangerschaft langsam zu genießen. Ich hatte die Hilfsmittel des HypnoBirthing und es ging mir gut. In der 34. Schwangerschaftswoche aber drehte sich das Baby von der optimalen Geburtsposition noch einmal in die Querlage – meine persönliche absolute Katastrophe. Denn das bedeutete zu diesem Zeitpunkt, dass eine natürliche Geburt nicht möglich war. Ich weiß, dass sich Babys jederzeit bis zum Ende der Schwangerschaft und sogar während der Geburt noch einmal drehen können. Doch mein Frauenarzt meinte: »Sollte es so liegen bleiben, bedeutet das leider Kaiserschnitt.«

Noch war alles offen, wie auch er betonte, doch diese Aussichten erwischten mich kalt. Ich spürte förmlich, wie ich mich aus meinem Wohlfühlraum der letzten Wochen verabschiedete und in einen Panikraum abdriftete. Mir war heiß und kalt, ich konnte nicht mehr klar denken und war plötzlich wie gelähmt. In den nächsten Stunden setzte ich mich immer wieder mit dem Thema Kaiserschnitt auseinander, das für mich (trotz der lebensrettenden Funktion für viele Frauen) sehr negativ behaftet war. Ich wünschte mir so sehr eine natürliche Geburt. Ein wahres Auf und Ab der Gefühle begann. Ein Hin und Her aus Wut, Angst, Trauer, Hoffnungslosigkeit und Handlungsunfähigkeit.

Im Rahmen der letzten Einheit meines HypnoBirthing-Kurses machte ich die Hypnose »Der Dreh« mit den dazu vorgeschlagenen Bewegungsabläufen aus dem Buch *Mama werden mit HypnoBirthing*. Es fühlte sich gut an, vor allem weil ich das Gefühl hatte, ich konnte etwas tun und war dieser neuen Situation nicht einfach ausgeliefert. Am nächsten Nachmittag machte ich noch einmal diese Hypnose und überall im Haus verteilte ich Bilder eines Delfins, der in die Richtung sprang, in die sich mein Baby doch bitte drehen sollte. Das Bild war mir während der Hypnose gekommen und half mir sehr, mir diese Drehung bildlich vorzustellen.

Ich beschäftigte mich weiter viel mit dem Thema Kaiserschnitt und beleuchtete es von unterschiedlichen Seiten. Ich gab mir wirklich große Mühe, auch dieses Geburtsbild zuzulassen und auch eine solche Geburt als etwas Positives und Schönes für mich persönlich zu sehen. Ich begann langsam zu akzeptieren, dass dies möglicherweise das Richtige und Gute für mich und mein Baby sein könnte. Wenn das wirklich unser Weg war, dann würde auch das eine schöne Geburt für uns werden. Das Verrückte: In dem Moment, als ich den Kaiserschnitt als mögliche und schöne Geburt wirklich angenommen und akzeptiert hatte, hat sich mein Baby gedreht.

Zum Ende der Schwangerschaft hin hatte ich immer wieder das Gefühl, es könnte bald losgehen und es würde irgendwie nicht mehr lange dauern. Am Abend vor der Geburt war ich ungewöhnlich sensibel und weinerlich. Als ich spät abends ins Bett ging, versuchte ich, meine Schlafposition zu finden und da geschah es – schwupps, ein Schwall Wasser lief mir zwischen die Beine. Die Fruchtblase! Ich weckte meinen Mann und obwohl ich noch keine Minute geschlafen hatte, war ich kein bisschen müde. Ich rief die Hebamme an und wir vereinbarten, dass sie gleich losfuhr, um bei uns erst mal den Status quo aufzunehmen. Danach riefen wir die Oma an, die die Betreuung unserer Tochter während der Geburt übernehmen sollte.

Ich versuchte noch ein wenig zu schlafen, döste aber eigentlich nur noch vor mich hin, bis ich schließlich frühmorgens entschied aufzustehen. Ich machte mir gemütlich einen Kaffee und beschloss im Garten die Hypnose aus dem Kurs »Es geht los« zu machen. Eine Freundin hatte sie mir aufgesprochen. Die Sonne ging gerade auf und kam hinter dem Hügel hervor. Sie war schon richtig warm und schien mir direkt ins Gesicht. Mit geschlossenen Augen saß ich da im taufrischen Gras auf meiner Decke in meinem Sommerkleidchen und lauschte der Hypnose. Es war herrlich – ein absolut magischer Moment und ich fühlte mich großartig.

Der Tag plätscherte so vor sich hin, ohne besondere Vorkommnisse. Immer gab es noch keine Anzeichen auch nur der kleinsten Welle. Mir half der **Handshake**, um die aufkommende Ungeduld und die damit verbundenen sorgenvollen Gedanken in Zaum zu halten. Ich ließ sie einfach da sein, gab ihnen die Hand und ließ sie weiterziehen. Mein Mann spürte, dass ich hin- und hergerissen war, und schlug mir vor etwas zu tanzen, denn er wusste, wie gut mir das immer tat. Also legte er mir tolle Latin Music ein und ich schüttelte mich samt Babybauch noch einmal angenehm durch. Ich ließ den aufkommenden Unmut über meine Gedankenflut zu, gab ihm die Hand und ließ ihn wieder los. Und bald war ich wieder in der Akzeptanz und es ging mir besser.

Gegen späten Abend spürte ich dann auf einmal, dass sich etwas veränderte und langsam ein ganz leichtes Anfluten von Wellen kam. Es war wirklich nur ganz leicht und auch noch sehr kurz, auch der Muttermund war nur wenige Zentimeter offen. Ich probierte einiges, die Hebamme leitete mich sehr unterstützend an. Doch nach einer ganzen Zeit teilte sie mir mit, dass sie mit der zu geringen Wellentätigkeit und vor allem hinsichtlich der Gefahr einer Infektion aufgrund der geöffneten Fruchtblase die Hausgeburt an dieser Stelle abbrechen muss. Da war er nun. Der Satz, vor dem ich mich so gefürchtet hatte und der mir den ganzen Tag über so einen Stress gemacht hatte. Nun war er raus. Und ich saß auf dem Bett und wusste: Jetzt lag es an mir, alles, was ich im HypnoBirthing gelernt hatte, umzusetzen. Und so sagte ich mit Tränen in den Augen: »Ich bin einverstanden mit jeder Wendung, die die Geburt nehmen mag!« Immer wieder sagte ich den Satz und das Verrückte war: Es fühlte sich plötzlich wieder alles gut an. Der ganze Druck, der ganze Stress, ob denn eine Hausgeburt noch klappen würde, das alles fiel ab von mir und ich begann mich von Minute zu Minute besser zu fühlen. Es gelang mir tatsächlich, mit dem, was gerade geschah, einverstanden zu sein.

> Ich ließ meine Gedanken einfach da sein, gab ihnen die Hand und ließ sie weiterziehen.

Kurz bevor wir losfuhren, flitzte ich noch mal aufs Klo und da kam ein ordentlicher Klecks an rot-bräunlichem Blut. Sofort war ich mir sicher: »Mein Baby zeichnet – das ist der Schleimpfropf, der abgegangen ist. Wie toll, es geht wirklich los!« Voller Vorfreude setzte ich mich ins Auto und wir fuhren in die Nacht. Inzwischen waren die Wellen schon deutlich zu spüren. Ich freute mich so! Wie verrückt, dass man sich so über Wellen freuen kann!

Nach der ersten Untersuchung teilte mir die Ärztin mit, dass alles in bester Ordnung war und es keine Anzeichen einer Infektion gab. Dennoch wolle sie mir zu einer Einleitung raten, weil einfach schon so viel Zeit vergangen sei. Sie holte gerade aus, um mir zu erklären, wie das nun ablaufen würde, als ich das Wort ergriff und etwas machte, worauf ich noch jetzt unglaublich stolz bin. Ich frage sie, ob es den irgendeinen medizinischen Grund gäbe, der dafür spreche, jetzt eine Einleitung zu machen. Oder ob es nur eine Vorsichtsmaßnahme sei und wir auch noch etwas warten könnten. Es war nicht notwendig und eine reine Vorsichtsmaßnahme. Ich schilderte ihr, dass ich das deutliche Gefühl hatte, dass es losgehen würde, und dass ich noch etwas warten wolle. Sie verstand mich und war kompromissbereit. Ich schlief ein paar Stunden und wachte auf, weil die Wellen nun schon ganz ordentlich zu spüren waren. Sie waren ganz von selbst im Schlaf immer intensiver geworden. Ich stand auf und lief etwas im Zimmer herum und begann wieder mit meiner Ruheatmung. Diese war nun wirklich Gold wert, denn die Wellen waren nun schon ganz schön knackig. Ich ging zum Fenster, lehnte mich mit dem Oberkörper über das Fensterbrett, kreiste das Becken, schaute in die warme Sommernacht und atmete. Herrlich!, dachte ich bei mir. Das war es wirklich. Mir ging es richtig gut, ich war ganz in meiner Kraft, fühlte mich trotz des Schlafmangels erholt und voller Energie und Vorfreude. Eine Stunde später wechselte ich langsam zur Wellenatmung. Ich war leise, ruhig und entspannt und vor allem überrascht von mir selbst. Dass ich keinerlei Töne von mir gab, war für mich schon eher außergewöhnlich, wo ich doch schon ein lauter, temperamentvoller Mensch bin. Ich war völlig ruhig in meiner Atmung, hing mich mit dem ganzen Körper an ein Tuch, das von der Decke baumelte, und entspannte den Beckenboden und den ganzen Körper. Inzwischen musste ich mich mit jeder Welle mitbewegen, so intensiv waren sie. Es ging gar nicht anders, ich folgte einfach nur meinem Körper. Doch ich war immer noch völlig ruhig und leise.

Irgendwann nahm ich alles um mich herum nur noch schemenhaft wahr. Ich war in meinem Tunnel. Die Abstände zwischen den Wellen waren jetzt schon recht kurz, doch ich zählte nicht mit. Die nächste Wellenpause musste ich nutzen, um aufs Klo zu gehen, ich leerte meine Blase und da geschah es plötzlich: Die Wellen veränderten sich und ich spürte einen unglaublichen Druck nach unten. Ich spürte regelrecht, wie sich der Geburtsweg öffnete und sich das Köpfchen mit voller Kraft nach unten schob. Ich rief nach meinem Mann, der zwischenzeitlich die paar Meter wieder in den Kreißsaal zurückgegangen war. Er half mir, ebenfalls wieder dorthin zu kommen. Es folgten noch ein, zwei heftige Wellen, ich bewegte mich im Rhythmus mit dem ganzen Körper auf allen Vieren mit. Es erforderte keine Anstrengung, mich auf die Atmung zu konzentrieren. Mein Geist und mein Körper machten es einfach. Und da war sie wieder, diese unglaubliche Kraft, die durch meinen Körper fuhr. Ich gab mich ihr vollkommen hin, ich atmete, ich schob mit, ich tönte und dann war da das Köpfchen! Ich spürte, wie es herauskam, und war erleichtert.

Doch plötzlich rutschte es wieder zurück. Das verunsicherte mich und ich fragte die Hebamme. Sie antwortete nicht gleich, es kam noch eine Welle und da war es wieder, diesmal ganz – das Köpfchen war geboren. Die Nabelschnur war wohl einmal um den Kopf gewickelt gewesen, sodass sie den Kopf zurückgezogen hatte. Die Hebamme hatte die Nabelschnur mit ihrer Hand zurückgedrückt und das Köpfchen befreit – ich hatte das gar nicht bemerkt. Es folgte eine kurze Pause und dann eine weitere Geburtswelle, bei der ich mitschob und laut tönte … und da spürte ich, wie das Baby aus mir herauspurzelte. Die Hebamme half mir, mich aus dem Vierfüßlerstand hinzusetzen. Das Baby lag vor mir auf dem Bett und ich nahm es auf und schloss es in meine Arme. Es war vollbracht und es war herrlich. Diese unglaubliche Kraft, diese Energie, die durch meinen Körper gegangen war und mir mein Kind in meine Arme brachte – einfach unbeschreiblich und wundervoll. Ich war so glücklich, erleichtert und voller Energie.

♥ Sonja ♥
Ich habe noch nie so eine Kraft gespürt

Sonjas erstes Kind, es wurde in der Klinik geboren, selbstbestimmt, trotz ein paar Schwierigkeiten mit der Hebamme.

Mit dem Start des HypnoBirthing-Kurses hat sich meine komplette Schwangerschaft zum Positiven verändert. Früher war mir alles wichtig, nur nicht ich selbst. Zuerst kam die Arbeit, dann die Freunde, der Haushalt, der Ehemann und ganz zum Schluss irgendwann ich selbst. Im Kurs habe ich gelernt, mich mehr um mich zu sorgen, mehr im Hier und Jetzt zu sein und diese kurze Lebensphase der Schwangerschaft voll zu genießen – was ich dann auch getan habe.

> Nur wenn es mir als Mama gut geht, geht es auch meinem Baby im Bauch gut!

Ich war die glücklichste Schwangere auf dem Planeten und hatte ein Dauergrinsen im Gesicht. Natürlich gab es auch schlechte Tage, an denen es mir nicht so gut ging. Aber ich habe schnell gelernt, dass ich das mit einer **Trance** oder einer Atemübung drehen kann. Denn nur wenn es mir als Mama gut geht, geht es auch meinem Baby im Bauch gut!

Sehr viele haben mich gefragt, ob ich Angst vor der Geburt hätte. Ich habe immer gelacht und gemeint: Im Gegenteil, ich freue mich so sehr auf die Geburt, denn schließlich lerne ich dann endlich meinen kleinen Schatz kennen.

Meine Fruchtblase ging abends auf, als ich auf dem Sofa saß und gemütlich ein Buch lesen wollte. Ich habe geheult wie ein Schlosshund – vor Freude, dass es endlich losgeht. Leider war meine Wunschklinik schon voll, nach weiteren Absagen von Kliniken landete ich schließlich in der Uniklinik. Genau dort, wo ich nie hinwollte. Aber ich war so sehr der festen Überzeugung, eine wundervolle Geburt zu haben, dass mir selbst das nichts ausmachte.

Ich packte gemütlich meine Kliniktasche und wir fuhren ins Krankenhaus. Bis dahin hatte ich keinerlei Wellen, war topfit und sehr euphorisch. In der Klinik angekommen, wurde ich untersucht und nach sehr kurzer Zeit kamen dann auch die sehr kraftvollen Wellen. Für mich ging es anschließend direkt in den Kreißsaal. Schnell war klar, dass ich in die Wanne wollte. Das warme Wasser schenkte mir sehr viel Entspannung und ich konnte ganz bei mir und meinem Körper ankommen. Die Wellen waren von Anfang an sehr kraftvoll und kamen fast ohne Pause.

Die Hebamme im Kreißsaal war leider überhaupt nicht mein Fall, weswegen ich beschloss, sie einfach zu ignorieren. Ich konzentrierte mich ausschließlich auf meinen Mann, weil er genau wusste, was für eine Geburt ich mir wünschte. Wir zwei haben dann auch den größten Teil der Geburt als Team gemeistert. Ich war so bei mir und in meinem Körper, in meinen Wellen, dass ich mich wie im Rausch gefühlt habe. Gegen Ende der Geburt blieb der Kleine kurz stecken und die Hebamme bestand darauf, einen Dammschnitt zu machen. Diesen bemerkte ich nicht, aber damit war der Kleine endlich da und ich konnte ihn nach nur drei Stunden auf meine Brust nehmen. Ich habe in meinem ganzen Leben noch nie so eine Kraft gespürt und bin immer noch zutiefst von meinem Körper beeindruckt.

Ich bin sehr dankbar, dass ich den Weg zu HypnoBirthing gefunden habe. Dafür, dass ich diese Kraft in meinem Körper spüren durfte und dass mein Sohn und ich eine so wundervolle Geburt hatten.

NUR ABRACADABRA? MACHTVOLLE AFFIRMATIONEN

»Als bei Donna vor der Geburt ihres dritten Kindes die Wehen einsetzten, fragte ihr Sohn Abraham: ›Wird es weh tun, Donna?‹ Sie antwortete: »Nein, Abraham, es wird stark sein.« So schreibt es Ina May Gaskin in ihrem Buch *Spirituelle Hebammen*.[10] Sprache schafft Wirklichkeit, sie kann als Placebo (lateinisch: »Ich werde gefallen«), aber auch wie ein Nocebo (lateinisch: »Ich werde schaden«) wirken. Ein Effekt, der bisher leider in der heutigen Medizin und vor allem im Umgang mit Schwangeren und Gebärenden nicht ausreichend Beachtung findet. Aber auch hier zeigt sich ein Silberstreifen am Horizont. Dr. Ernil Hansen beispielsweise, Professor und Oberarzt der Anästhesie am Uniklinikum Regensburg sowie in der Hypnoseforschung und -lehre tätig, setzt sich mit seiner Arbeit intensiv dafür ein, das medizinische Feld für die Auswirkung von Sprache zu sensibilisieren.

Dass Worte eine geradezu magische Kraft besitzen und bestenfalls sogar Wunder bewirken können, wusste man bereits in der Spätantike. So galt »Abracadabra« tatsächlich ursprünglich als eine Schutzformel, um drohendes Unheil abzuwenden und Krankheiten zu vertreiben. Auf ein Heilamulett geprägt gaben es Ärzte ihren Patienten, die es dann mit sich trugen, bis sie genesen waren. Mögliche Übersetzungen des Wortes Abracadabra sind »Sprich die Segnung« (hebräisch) und »Ich werde erschaffen, während ich spreche« (aramäisch).

Nun verteilen wir in unseren Kursen keine Heilamulette mit Zaubersprüchen. Aber wir bieten unseren Schwangeren starke Geburtsaffirmationen. **Affirmationen** sind so etwas wie in einem Satz zusammengefasste persönliche Wahrheiten, die durch regelmäßige Wiederholung an diese Überzeugungen erinnern und Positives bestärken sollen. Ein persönliches Abracadabra. Um auch dich als Leserin dieses Buches zur Vorbereitung auf die Geburt positiv zu bestärken, habe ich dir eine ganze Reihe Kraftsätze, positive Affirmationen zusammengestellt, mit denen du dein inneres Nachrichtenband umschreiben kannst. Es sind Sätze wie:

- Ich habe Vertrauen in meinen Körper und lasse mich von ihm führen.
- Ich öffne mich dem Fluss des Lebens.
- Jede Welle bringt mir mein Kind näher.
- Ich bin einverstanden mit jeder Wendung, die die Geburt nehmen mag.

Geburtsaffirmationen sind kraftvoll. Sie bringen dich in eine positive Geisteshaltung und lenken deine Selbstgespräche so, dass du dich stark, gelassen und geerdet fühlen kannst. Sie wirken auf der Ebene des Resonanzprinzips: Du richtest damit deine Aufmerksamkeit auf das, was eintreten soll. Allerdings können sie auch wie ein Pflaster auf einem Beinbruch sein, wenn sich das Gesagte nur in deinem Kopf abspielt, während es im Untergrund brodelt und negative Glaubenssätze wüten. Affirmationen müssen ausdrücken, wovon man überzeugt ist, und erst wenn sie sich auch wahr anfühlen, können sie sich im Körper verankern und zu einem machtvollen Werkzeug werden. Überzeugung ist ein Gefühl, eine innere Haltung. Die Überzeugung zu fühlen, das macht den entscheidenden Unterschied zum einfachen »positiven Denken«. Daher reicht es nicht, zu affirmieren und zu hoffen, dass schon alles gut wird. Denn zur Geburt gehört nicht nur eine innere, mentale wie emotionale Vorbereitung, sondern auch die bewusste Wahl der Geburtshelferinnen und gegebenenfalls der Klinik. Also informiere dich gut und triff deine bewusste Wahl, anstatt dich auf Geburtsaffirmationen zu verlassen und zu denken, es wird schon irgendwie werden. Affirmationen haben keinen Einfluss auf das, was im Außen passiert. Es liegt zuallererst in deiner Verantwortung, dir die für dich richtigen, stimmigen Geburtshelferinnen und -helfer zur Seite zu stellen, dir die Klinik zu suchen, in der du das Gefühl hast, mit deinen Anliegen ernst genommen zu werden, gut aufgehoben, geborgen und vor allem sicher zu sein.

Hol dir dazu alle Informationen ein, die du bekommen kannst. Sprich mit Frauen, die bereits in der Klinik deiner Wahl geboren haben. Frage genauer, hake nach und kläre, ob man dir wirklich die Unterstützung zusichern kann, wie du sie willst. Und bedenke, jede Infoveranstaltung einer Klinik ist eben auch eine

Werbeveranstaltung, das Management will ja seine Betten voll kriegen. Es liegt an dir und deinem Partner, deiner Partnerin, die Informationen einzuholen, die du brauchst.

Das kann Aufwand und Arbeit sein, ja. Diese Vorbereitung ist wichtiger, als sich schöne Geburtsaffirmationen aufzusagen und zu hoffen, die in der Klinik werden es schon in deinem Sinne richten. Denn wenn du dich an dem Ort nicht wirklich sicher fühlst, wo du dein Kind auf die Welt bringen willst, du dir aber sagst »Ich bin entspannt, ich fühle mich sicher und geborgen«, dann machst du dir was vor – und dein Unterbewusstsein weiß das! Das Ergebnis kann sein, dein Körper verschließt sich und die Geburt geht nicht gut voran, egal was dein Kopf abspult. Aber wenn du dich nach einer Zeit der gründlichen Information und Suche wirklich sicher fühlst und spürst, dass du loslassen kannst, können dir die Geburtsaffirmationen helfen, noch weiter aufzumachen. Dann sind die Sätze deine Erinnerung daran, noch mehr loszulassen. Wenn du das Geburtsumfeld hast, das in deinem Sinne ist, dann kannst du deine Geburtsaffirmationen erfolgreich nutzen. Wenn sie sich wahr anfühlen, sind sie ein kraftvolles und machtvolles Werkzeug.

Um herauszufinden, wie es sich anfühlt, von etwas überzeugt zu sein, erinnere dich an irgendetwas aus deinem Alltag, von dem du bereits überzeugt bist. Zum Beispiel, dass Zähneputzen gut für den Zahnerhalt ist. Finde also zunächst einmal einfache Alltagsüberzeugungen und dann spüre in dich hinein, wie sich das anfühlt, eben davon überzeugt zu sein. Wo im Körper spürst du das? Und um dieses Gefühl geht es bei den Affirmationen. Selbstverständlich kannst du dir ein persönliches Abracadabra mit deinen eigenen Affirmationen gestalten. Achte jedoch unbedingt darauf, sie positiv, stärkend und in der Gegenwartsform zu formulieren. Vor allem müssen sie sich gut, für dich stimmig und kraftvoll anfühlen. Wenn du deine Sätze hast, kannst du dich täglich bis zur Geburt damit nähren.

Mit dem folgenden Code bekommst du Zugang zu vielen Geburtsaffirmationen für eine leichte Geburt, die du im Alltag einfach leise nebenher laufen lassen kannst.

Anna

Wen braucht es wirklich für die Geburt? Die Mutter und das Baby!

Geburt zur Coronazeit, es war Annas drittes Kind und eine Hausgeburt mit der Kraft der Affirmationen und eigenem Drehbuch für die Geburt.

Auch bei der dritten Geburt habe ich mich besonders im letzten Monat intensiv mit HypnoBirthing und voller Vorfreude vorbereitet. Ich habe mir die passenden Hypnosen rausgesucht. Ich habe gezielt geschaut, was ich brauche. Meine Affirmationen liefen täglich nebenbei beim Kochen oder Aufräumen, beim Arbeiten, einfach immer, wenn es gerade passte. Und so kam auch relativ schnell der Wunsch in mir auf, die Affirmationen sollten mich auch während der Geburt begleiten.

Zugegebenermaßen musste ich vor allem eine oft anhören, um mich damit anzufreunden: »Ich bin einverstanden mit jeder Wendung, die die Geburt nehmen mag.« Ich wünschte mir wieder eine Hausgeburt und keinesfalls wollte ich mit Mundschutzmaske ins Spital. Doch irgendwann, nachdem ich mich intensiv damit auseinandergesetzt habe, fühlte ich mich auch dafür bereit, wenn es denn so kommen sollte.

Eine Geburt zur Coronazeit und das Verhalten mancher Menschen um mich herum machten mich fast wahnsinnig. Ich durfte meine Kinder nicht mehr zur Hebamme mitnehmen. Sie selbst hatte sich irgendwann von Unsicherheit oder Angst leiten lassen, da sie sich zur Risikogruppe zählte, und meinte kurz vor dem Termin, ich dürfte nicht mehr im Wasser gebären, da sie sonst, wenn sie ins Wasser lange, Viren in ihre Handschuhe bekommen und sich anstecken könnte. Das wurde mir zu bunt. Es reichte mir, ich informierte mich und ihre Aussagen waren überhaupt nicht korrekt, es gab keine »neuen Vorschriften«. Zudem war ich kerngesund. Irgendwann musste ich ihr in einem klaren und sehr bestimmten Gespräch sagen, dass ich niemanden bei der Geburt haben möchte, der Angst mitbringt. Diese Schwingungen im Raum spüre ich sofort und das ganz besonders bei der Geburt. Das hat bei meiner Ersthebamme sogleich den

Schalter umgelegt und sie war wieder »die Alte«, die Hebamme, die ich kannte und wollte.

Ich erinnerte mich an einen Satz, der sich bei mir eingeprägt hatte: Wen braucht es wirklich für die Geburt? Die Mutter und das Baby! Und da war ich wieder ganz bei mir, ganz gleich, wie verrückt die Welt da draußen gespielt hat. Wie bei meinen vorherigen Geburten war ich über den Termin und meine Hebamme wollte engmaschiger kontrollieren. Beim CTG merkte ich, dass ich eine Welle habe, die anders zieht als nur im Bauch, sondern auch noch ein bisschen im Rücken. Es war aber so sanft, dass ich meiner Hebamme sagte, sie kann ruhig noch heimfahren und sich stärken.

In meinem Kopf hatte ich nämlich mein Drehbuch für die Geburt schon abgerufen. Und es war mir sehr wichtig, dass ich noch etwas ungestörte Zeit hatte. Ich habe die Wellen innerlich gefeiert! Ich hatte keine Lust mehr auf Kontrollen und auf Gespräche, wie man es sanft einleiten könnte. Ich wusste, dass mein Baby kommt, wenn es so weit ist, und war etwas genervt von dem ganzen »Jetzt bist du aber über dem Termin«-Gerede.

> In meinem Kopf hatte ich mein Drehbuch für die Geburt schon abgerufen.

Ich wollte frische Blumen aus dem Garten holen und viel in Bewegung sein. Draußen hat es sich aufgeklärt und die Sonne schien. Mit meinen Töchtern pflückten wir zwei Blumensträuße fürs Geburtszimmer und die Wellen kamen regelmäßiger. Ich sagte meinen Mädels, dass ich sanfte Wellen habe, und sie waren voller Vorfreude auf ihr Geschwisterchen. Meine Freude war auch unbeschreiblich und ich sagte noch den Ultraschalltermin ab. Viele Treppenstufen bin ich hoch und runter gelaufen. Mein Mann war zum Glück im Homeoffice und relativ schnell parat, wenn es nötig würde.

Ich fühlte mich wohl und hatte mal wieder überhaupt kein Gefühl für Raum und Zeit, deswegen wollte ich die Zeitabstände der Wellen messen. Als wir merkten, sie kommen deutlich unter fünf Minuten, informierten wir die Hebamme und sie machte sich auf den Weg. Wir richteten alles ein, was noch für die Geburt nötig oder einfach schön war: Kerzen, Duftvernebler mit Geburtsduft, Pool, Geburtsaffirmationen und Schokolade.

Als die Hebamme kam, war auch der Pool bereit und es war so herrlich im warmen Wasser. Wir jubelten, endlich eine Geburt im Wasser. Die Wellen wurden intensiver, ich nutzte meine Atmung und visualisierte die Öffnung. Ich sang bei den Wellen und war froh um die Unterstützung von meinem Mann, der mir während der Wellen etwas Druck auf den Rücken gab. Im Hintergrund liefen die ganze Zeit meine Affirmationen. Ich empfand ein gut spürbares Ziehen im Rücken, aber keinen Schmerz. Ich war gut in meiner Mitte.

Fünfzehn Minuten vor der Geburt hing ich noch entspannt über dem Poolrand. Mein Mann scherzte zwischendurch und wir mussten viel lachen. Das war befreiend und entspannte mich sehr. Meine zweite Hebamme wurde informiert und war unterwegs. Unsere Kinder waren immer wieder mal bei mir im Zimmer und gingen wieder. Sie durften jederzeit kommen mit der Abmachung, dass ich sie wegschicke, wenn es für mich nicht mehr stimmig ist.

Plötzlich kam eine so starke Welle angerollt, dass ich merkte: Diese Kraft kenne ich, die werde ich nie wieder so erleben, das ist die Kraft der Geburt. Es war eine Mischung aus Stärke, intensivem Schmerz und etwas Überirdischem. Meine Hebamme verstand es sofort und rief nach meinem Mann. Ich wusste: Jetzt passiert es. Ich spürte, wie mein Kind seinen Geburtsweg entlang nach unten glitt. »Das Köpfchen kommt, magst du es fühlen?«, wurde ich noch gefragt. Aber ich wollte nicht aus diesem Zustand herausgerissen werden, denn das, was ich momentan fühlte, konnte niemand außer mir fühlen, und ich kehrte schnell zurück in meinen Trancezustand. Mit dieser einen Welle kam unser Baby ins Wasser gerutscht und ich nahm es sofort in meine Arme. Es war so wahnsinnig schön, einfach unbeschreiblich. Schon bald konnte ich nachschauen, dass es ein Mädchen war!

Unsere Geburtsreise dauerte drei Stunden seit dem ersten Ziehen im Rücken. Es war wunderschön und ich bin so dankbar für das Wunder des Lebens.

Inspirationen für mein Drehbuch

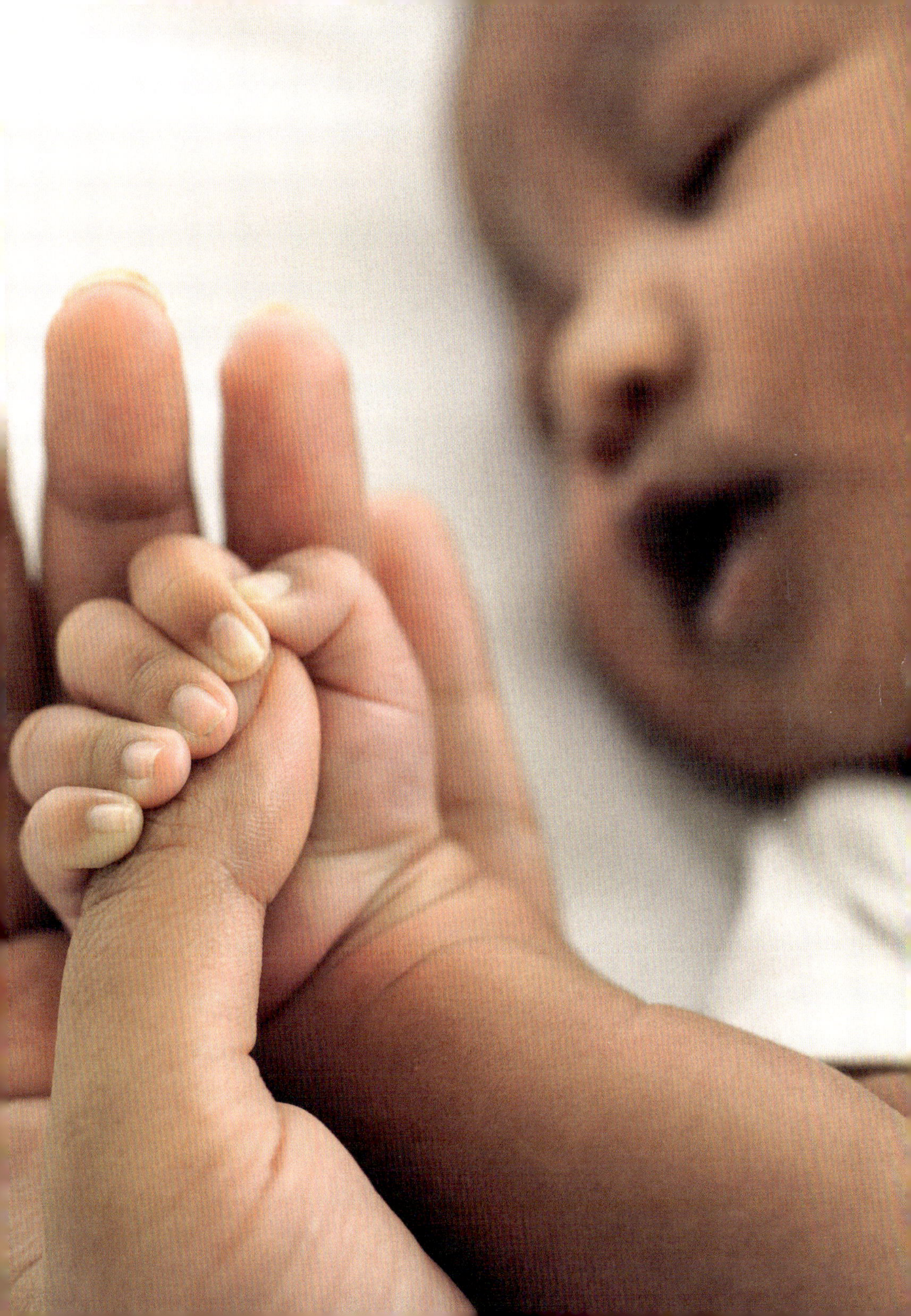

VON BAUCHGEBURT BIS HAUSGEBURT – HYPNOBIRTHING MACHT EINEN UNTERSCHIED

Wir können – auch bei der besten Vorbereitung – nie wissen, wie die Geburt genau ablaufen wird. Wenn du daher deine eigenen **Affirmationen** zusammenstellst, denke unbedingt daran, auch die folgende hinzuzunehmen: »Ich bin einverstanden mit jeder Wendung, die die Geburt meines Babys nehmen mag!« Es ist eine der wichtigsten, vielleicht sogar *die* wichtigste Affirmation im Hypno-Birthing. Es ist die Einladung zur völligen Hingabe an das, was am Ende dann doch nicht planbar, nicht vorhersagbar ist. Daher brauchen Schwangerschaft und Geburt eine gute Vorbereitung gepaart mit Gleichmut und Hingabe. Schlussendlich Vertrauen.

Die gute Vorbereitung stärkt dich, die Beziehung zwischen dir und deinem Partner und das Bonding mit deinem Baby. Sie festigt das Vertrauen in deinen Körper, gibt dir innere Ruhe, weil du weißt, du hast das getan, was für dich richtig war. Du hast dir bestenfalls super Werkzeuge angeeignet, mit denen du dich handlungsfähig fühlst. Du hast dich mit Selbsthypnosen eingestimmt, hast dich und dein Baby immer wieder in Glückshormonen gebadet und und und …

Schwangerschaft und Geburt brauchen eine gute Vorbereitung gepaart mit Gleichmut und Hingabe.

Und dann gilt es loszulassen. Von Erwartungen, Ansprüchen, Meinungen, wie Geburt zu sein habe. Denn es gibt eben noch den wichtigsten und nicht wirklich kalkulierbaren Mitspieler, der einen maßgeblichen Einfluss auf den Verlauf der Geburt hat: dein Baby.

Die Geburt ist – im Verhältnis zur Schwangerschaft, die über Monate geht – ein kurzer Moment. Auf diesen Moment bereitest du dich vor. Das ist wichtig, denn eine gute Vorbereitung macht genauso einen Unterschied, wie es einen Unterschied macht, ob du schwimmen gelernt hast, bevor du ins Wasser fällst, oder ob du nur ein Buch übers Schwimmen gelesen hast. Ganz egal, wie deine Umstände sind oder welchen Verlauf die Geburt am Ende nimmt, deine Vorbereitung wird dir, deinem Baby und auch deinem Partner zugutekommen. In der Schwangerschaft sowieso, bei der Geburt, aber auch darüber hinaus.

BAUCHGEBURT

»Ich wünsche mir eine natürliche Geburt«, ist einer der am meisten wiederholten Sätze von Schwangeren, nicht nur in unseren Kursen. Mit gutem Grund, denn ein Kaiserschnitt, eben eine Bauchgeburt, hat nicht unerhebliche Folgen. Es ist eine richtige Operation, mit Vollnarkose, und birgt für die Mutter unter anderem Gefahr von Infektionen, Gewebeverletzungen, Störungen im Hormonhaushalt sowie Wundheilungsstörungen und Thrombosen. Babys haben ein erhöhtes Risiko für Diabetes oder Asthma, ihre Darmflora (Mikrobiom) weist deutliche Mängel im Vergleich zu vaginal geborenen Kinder auf.[11] Und laut Weltgesundheitsorganisation (WHO) sollte ein Kaiserschnitt nur dann durchgeführt werden, wenn eine natürliche Geburt die Gesundheit oder das Leben von Mutter oder Kind gefährdet[12], was jedoch nur bei 10 bis 15 Prozent der Schwangerschaften tatsächlich der Fall ist, zum Beispiel bei Querlage des Babys oder einer Placenta praevia, also wenn die Plazenta vor dem Geburtsausgang liegt. Oder wenn die Geburt tatsächlich nicht mehr vorangeht.

Eine natürliche Geburt kann als Ideal betrachtet werden – und sie ist nicht immer möglich. »Ich bin einverstanden mit jeder Wendung, die die Geburt nehmen mag« lädt dich, entspannt zu bleiben, was auch immer kommt. Der Satz lädt zu Vertrauen in und Hingabe an das ein, was jetzt unabänderlich ist. Verständlicherweise ist das im ersten Moment nicht einfach, wenn der Traum von der Traumgeburt platzt. Es kann dennoch eine gute Geburt werden, sobald das Ja zu dem, was ist, gefunden ist. Im Ja liegt Entspannung, liegt Hingabe. Gerade wenn es zu einem Kaiserschnitt kommt, ist es enorm hilfreich, entspannt zu bleiben, weil das die Ausschüttung von Stresshormonen minimiert und sofort auch dem Baby zugutekommt. Entspannung hilft dabei, ruhig zu bleiben, um gemeinsam mit Partner oder Partnerin abwägen und entscheiden zu können. Entspannung hilft auch dabei, in Kontakt mit dem Baby zu sein und ihm zu erklären, das jetzt etwas anderes ablaufen wird als geplant.

Das sind die Qualitäten, die in der Gleichmut liegen. Sie gibt dir Gelassenheit und damit Stärke und Weisheit, das, was sich gerade ereignet und nicht änderbar ist, anzunehmen und einen guten, konstruktiven Umgang damit zu finden. Sie hält dein Herz offen, sodass du auch das Gute sehen kannst. Sehr heilsam.

Auch insofern hat die Geburt viel mit Loslassen zu tun. Und das kannst du nicht »versuchen«, sondern du musst es tun. Willst du ein Ergebnis, musst du etwas tun, insbesondere wenn es um das Loslassen während der Geburt geht. Loslassen ist hier ein bewusstes, aktives Nicht-Tun. Um dich in der bewussten Entscheidung »Ich lasse los« zu üben und dir dabei das damit einhergehende Gefühl einzuprägen, kannst du ganz normale Alltagssituationen nehmen. Zum Beispiel, wenn du auf die Toilette musst. Bevor du dich hinsetzt, nimm den Druck wahr, und wenn du sitzt, spüre, wie du die Muskulatur entspannst. Sage dir dabei: »Ich lasse los.«

Das Gleiche kannst du mit deinem Atem machen oder wenn du einen Gegenstand in die Hand nimmst. Fühle ihn in deiner Hand, entscheide loszulassen und spüre dem Augenblick des tatsächlichen Loslassens nach. So kannst du den Prozess von Bewusstwerden – Entscheiden – Loslassen – Spüren wahrnehmen und in dir verankern. Dafür musst du noch nicht einmal extra Zeit aufwenden – allerdings braucht es deine Achtsamkeit, um dir der Gelegenheiten bewusst zu werden.

Emilia ♥

♥ Ich bin einverstanden mit jeder Wendung, die die Geburt meines Babys nehmen mag!

Emilia wollte ihr erstes Kind per Hausgeburt bekommen, kam dann aber in die Klinik und entband mit Kaiserschnitt.

Obwohl unser Sohn per Kaiserschnitt zur Welt kam, habe ich eine Geburt erlebt. Und obwohl wir keine Zeit mehr hatten, konkrete Anleitungen zu nutzen, habe ich enorm viel aus der Geburtsvorbereitung umsetzen können. Ich konnte mich auf die Geburt als etwas Schönes und nicht in erster Linie Schmerzhaftes freuen, konnte mich zusammen mit meinem Partner vorbereiten, mit ihm unsere Wunschgeburt planen und gleichzeitig lernen, ganz offen für alles zu bleiben, was kommt. Ich erlebte HypnoBirthing als Leitfaden und wertvolle Begleitung vor, während und nach der Geburt.

»Ich bin einverstanden mit jeder Wendung, die die Geburt meines Babys nehmen mag.« Das ist eine der vielen Affirmationen, die ich in der Geburtsvorbereitung oft gehört habe und wie sich im Nachhinein herausgestellt hat, war es auch für mich die zentrale Affirmation.

Regelmäßig haben mein Partner und ich schon während der Schwangerschaft gemeinsam verschiedene Entspannungen aus dem HypnoBirthing genutzt. In den Wochen vor dem Geburtstermin täglich. So hatten wir keinerlei Angst oder Bedenken, wir freuten uns beide riesig auf die bevorstehende Geburt und waren voller Zuversicht. Diese Vorbereitungen haben uns auch geholfen, bereits eine gute Verbindung zu unserem Baby aufzubauen.

Wir hatten eine Hausgeburt geplant und auch eine Hebamme, mit der wir gut arbeiten konnten. So gewappnet, freuten wir uns, als sich eines Tages in den frühen Morgenstunden unser Baby mit einem vorzeitigen Blasensprung ankündigte. Wir legten die Entspannungs-CD ein und genossen im Halbschlaf die Ruhe. Es kamen immer wieder Wellen, die ich mit der 22er-Atmung (Wellenatmung) gut meisterte. Die Wellen wurden kräftiger und mit jeder Welle dachte ich, meinem Ziel näherzukommen. Die Wellen waren meine Freunde, die mich unserem Baby näher brachten. Nachmittags kam die Hebamme vorbei – sehr zufrieden, wie wir die ersten Stunden gemeistert hatten.

Abends dann konnte ich schon kraftvolle Wellen beobachten, die Herztöne des Babys waren gut. Alles optimal. In den nächsten Stunden stieg allerdings meine Temperatur an und da der Blasensprung bereits erfolgt war, musste ich eine intravenöse Gabe eines Antibiotikums bekommen – und das war nur im Krankenhaus möglich. Bis dahin war der Geburtsverlauf so, wie wir es uns vorgestellt hatten. Beide wollten wir keine Minute davon missen. Es war eine schöne Zeit, wobei wir jegliches Zeitgefühl verloren hatten. In die Klinik zu fahren, fiel mir sehr schwer, aber wir wollten ja unser Baby nicht in Gefahr bringen.

> Die Wellen waren meine Freunde, die mich unserem Baby näher brachten.

Die Hebamme kam mit und blieb die ganze Zeit an unserer Seite. Sie war uns eine unglaubliche Unterstützung. Denn in der Klinik waren die Hebammen von dort nun die Verantwortlichen. Auch hier hatten wir sehr nette und hilfreiche Menschen um uns, aber ich hatte ein wenig den Faden zu HypnoBirthing verloren, auch wenn die Musik im Hintergrund lief.

Leider ist der Geburtsverlauf in der Klinik über mehrere Stunden nicht richtig vorwärtsgegangen. Daher fiel irgendwann die Entscheidung zu einer Sectio, da das Köpfchen des Babys immer noch nicht im Becken war, aber die Herztöne schlechter wurden. Wir hatten etwa eine Stunde Zeit, uns mental auf den Kaiserschnitt vorzubereiten. Das war hundertmal besser, als wenn ich ohne Vorwarnung, weil sich die Situation zugespitzt hätte, in den OP hätte eilen müssen.

Alles in allem war es nicht so, wie ich es mir vorgestellt hatte, aber wir haben einen tollen Sohn, der gesund und munter ist. Und wie die Affirmation so schön sagt: »Ich bin einverstanden mit jeder Wendung, die die Geburt nehmen mag.«

Geplanter Kaiserschnitt

Was tun, wenn schon früh der Kaiserschnitt im Raum steht? Kann man dann überhaupt mit dem HypnoBirthing weitermachen? Unbedingt! Denn Hypno-Birthing 2.0 ist ein ressourcen- und potenzialorientiertes Geburtsvorbereitungsprogramm für alle Schwangeren und ihre Partner und Partnerinnen – ganz unabhängig davon, ob für eine Spontangeburt, bei einer Beckenendlage oder einem Kaiserschnitt, der warum auch immer vorgenommen wird. Alle Werkzeuge sind wirkungsvoll einsetzbar. Bei einem geplanten Kaiserschnitt passt die Kursleiterin einige Werkzeuge, Übungen oder Hypnosen einfach etwas an. Auch hier erfolgt die wesentliche Vorbereitung über den Kopf – und daher sind alle Prinzipien gleichermaßen anwendbar. Immer ist es das Denken, das den Unterschied auf dem Weg zur und während der Geburt macht.

Zu denken, HypnoBirthing sei nur etwas für Spontan- oder gar Hausgeburten und nicht für Frauen, die in einer Klinik gebären wollen, widerspricht dem Prinzip von HypnoBirthing. Die Pionierin und Idealistin Marie Mongan, die HypnoBirthing ins Leben rief, war der festen Überzeugung, dass wir Frauen alles haben, was wir für eine Geburt brauchen. Sie wollte vor allem Frauen in den USA wegen der desolaten Umstände in den dortigen Krankenhäusern eine Alternative bieten. Sie wollte sie darin bestärken, sich mehr zuzutrauen und auch zu Hause zu gebären. Wir hier in Mitteleuropa haben (noch) das Glück, auf die Hebammenkunst zurückgreifen zu können. Das ist in den USA ganz anders, wo es in einigen Bundesstaaten sogar ein Berufsverbot für Hebammen gibt[13] und Geburt nur in Kliniken »reguliert« beziehungsweise »abgewickelt« werden darf. Nicht von ungefähr hat HypnoBirthing im Sinne der Selbstermächtigung und Selbstbestimmung in seinem Ursprungsland USA und später in der englischsprachigen Welt innerhalb kurzer Zeit so rasant Zuspruch gefunden. An dieser Stelle möchte ich einen Dank aussprechen, dafür, dass wir hier in unserem Kulturkreis noch auf die Kraft und Weisheit von Hebammen zurückgreifen können. Das ist – wie schon erwähnt – nicht selbstverständlich.

Mittlerweile, nach nun über dreißig Jahren ist HypnoBirthing weltweit ein Begriff für eine gute Geburtsvorbereitung und -erfahrung. Es ist im Sinne einer Graswurzelbewegung in den ersten zwanzig Jahren hauptsächlich durch die Weiterempfehlung von Frau zu Frau gewachsen. Und es richtet sich ausdrücklich an alle Schwangeren, ganz gleich, wie sie vorhaben, ihr Kind zur Welt zu bringen.

Ivonne ♥
Wunschgeburt trotz geplantem Kaiserschnitt

Ivonnes erstes Kind (nach IVF) kam mit Kaiserschnitt wegen Terminüberschreitung zur Welt.

Nach jahrelangem Kinderwunsch und mehreren künstlichen Befruchtungen erwarteten wir endlich ein Baby. Die ganze Schwangerschaft verlief sehr entspannt und unkompliziert. Die Erfahrungen und Erzählungen meiner Schwester im Bereich HypnoBirthing haben mich immer sehr fasziniert und so war ich mir sicher, dass dies auch für uns und die bevorstehende Geburtsreise infrage kommen würde. Wir besuchten einen Kurs und freuten uns sehr auf unsere Geburt.

Kurz vor Ende der Schwangerschaft bestand plötzlich der Verdacht auf eine Schwangerschaftsvergiftung, Gott sei Dank unbestätigt. Dennoch hatte ich insgesamt kein gutes Blutbild und man wollte mich beobachten und am Stichtag gern einleiten. Einleitung – etwas, was ich ganz und gar nicht wollte. Ich wollte doch eine spontane natürliche Geburt mit allem, was dazugehört. Aber okay, ich arrangierte mich damit und dachte mir, dass einer HypnoBirthing-Geburt per Einleitung ja nichts im Weg stehen würde.

Die Zeit verging. Ich war völlig bei mir und unserem Baby. Die CTG-Werte waren top, die herbeigeführten Wehen empfand ich als sehr sanft. Aber etwas in mir sagte mir, dass dies nicht unser Weg ist. Dennoch wollte ich meinem Körper und unserem Baby die Chance geben, es zu versuchen. Sieben Tage lang. Es passierte nichts. Da meine Werte stabil waren, stand das Geburtshilfeteam komplett hinter mir und meinen Entscheidungen, wie es weitergehen sollte. Ohne Druck konnten und durften wir entscheiden, dass wir die Einleitung beenden wollen und ich einen Kaiserschnitt möchte. Kaiserschnitt – etwas, was ich bis dato so weit von mir weggeschoben hatte, stand nun unmittelbar im Raum. In meinem Zimmer hing ein großes blaues Bild. Ein Meer. Ganz viele Wellen. Geburtswellen. Atemwellen. Es begleitete mich jeden Tag und erinnert mich immer wieder daran, Vertrauen in mich und meinen Körper zu haben.

Am Morgen der Geburt duschte ich ausgiebig, verabschiedete mich von meinem Babybauch und nahm immer wieder Kontakt zu unserem Baby auf. Ich wurde zum OP gebracht. Ganz anders, als ich es erwartet hatte, war die Stimmung sehr heiter und locker. Unzähliges Personal, das nur für mich und unser Baby da war. Ich dachte wieder an das Bild und war ganz entspannt. Die Spinalanästhesie habe ich wahrgenommen, ihr aber kaum Beachtung geschenkt. Meine begleitende Hebamme wusste, wie sehr ich mir eine natürliche Geburt gewünscht hätte. Sie war die ganze Zeit nah bei mir und sie sagte mir immer wieder, wie ruhig ich doch sei und dass alles super verlaufen wird. Auch mein Mann war bei mir und hielt meinen Kopf. Ich konnte es kaum erwarten, endlich unser Baby zu sehen … Und auf einmal hörte ich sie schreien. Unsere Emma war geboren! Sie wurde mir direkt ganz nah zu meinem Kopf gelegt. Es war so ein wundervolles Gefühl, auch wenn ich sie nicht direkt in den Arm nehmen konnte. Während sich das Ärzteteam um meinen Bauch kümmerte, wurde Emma untersucht, und mein Mann wich ihr nicht von der Seite, als es kurz darauf mit ihr zurück auf Station ging. Dann hielt ich meine Emma das erste Mal im Arm.

Trotz dessen, dass ich mir unsere Geburtsreise ursprünglich so viel anders gewünscht hätte, kann ich sagen, dass es für uns genau die richtige Entscheidung war. Wir hatten eine wunderbare Geburt, einen, wie ich sage, Hypno-Kaiserschnitt. Und vielleicht gehörten die sieben Tage Einleitung, das Wellenbild in meinem Zimmer und die Möglichkeit, die letzte Woche vor der Geburt noch mal ganz tief mit dem Baby verbunden gewesen zu sein, einfach zur Reise dazu.

NARBENSTARK. DIE HYPNOBIRTHING-POWER NACH EINEM KAISERSCHNITT

Ist das nicht eine gute Nachricht: Einmal Kaiserschnitt muss nicht automatisch bedeuten, bei weiteren Schwangerschaften keine natürliche Geburt erleben zu können. Zwar hieß es bis vor einigen Jahren noch »einmal Kaiserschnitt, immer Kaiserschnitt«, aus Sorge, die Narbe könnte sich öffnen (auch Uterus Ruptur genannt), aber das hat sich glücklicherweise geändert. Untersuchungen haben nämlich gezeigt, dass die Wahrscheinlichkeit einer Öffnung der Narbe für die häufigste Art der Schnittführung bei einem Kaiserschnitt bei weniger als 1 Prozent liegt (genauer bei drei bis fünf von 1000 Frauen mit Kaiserschnitt in der Vorgeschichte).

Eine vaginale Geburt nach Kaiserschnitt, auch VBAC (englisch: *Vaginal Birth After Cesarean*) genannt, ist nicht nur möglich, sondern sogar sicher, solange keine weiteren medizinischen Risiken auf Seiten der Mutter oder des Kindes vorliegen.

Allerdings solltest du dich gut vorbereiten, falls dieses Thema für dich relevant ist. Informiere dich umfassend. Wie eingangs bereits erwähnt, sind im deutschsprachigen Raum die Arbeiten von Ute Taschner im wahrsten Wortsinne hervorragend. Wähle auch hier achtsam die für dich richtige medizinische Betreuung, Hebamme und/oder Geburtshelferin sowie den passenden Geburtsort. Du solltest dich sicher, geborgen und verstanden fühlen.

Bereite dich mental gut vor, löse eventuelle Ängste und Unsicherheiten, die noch von der Bauchgeburt verblieben sind, finde deinen Frieden damit und stimme auch deinen Partner, deine Partnerin mit ein. Sprich deine frühere Bauchgeburt an, wenn du in einen HypnoBirthing- oder anderen Vorbereitungskurs kommst.

Vielleicht gönnst du dir eine Doula, eine professionelle Geburtsbegleiterin. Das ist eine geburtserfahrene Frau, die dir und deinem Partner vor, während und nach der Geburt zur Seite steht, ohne dabei eine medizinische Funktion zu haben. Vielleicht findest du sogar eine, die selbst Erfahrung mit diesem Thema gemacht hat. Das stärkt dein Vertrauen im Sinne von: »Wenn sie das kann, kann ich das auch.«

Es war einmal völlig normal, dass erfahrene Frauen Schwangere mit Rat und Tat begleiteten. Medizin und Krankenhausmanagement haben das fast vollständig verdrängt. Doch weltweit in der Geburtsbegleitung etabliert, finden Doulas langsam auch in unseren Breiten ihren festen Platz. Haben doch wissenschaftliche Studien nachgewiesen, dass sich durch die kontinuierliche Unterstützung einer Doula zum Beispiel das Risiko eines Kaiserschnitts halbiert und die Geburtszeit verkürzt. Also unbedingt empfehlenswert.

Freya
Ich habe noch nie so ein tiefes Verstehen in mir gespürt

Freya bekam ihr viertes Kind nach einem Drillings-Kaiserschnitt zu Hause in der Badewanne.

Wir haben uns so sehr über die Schwangerschaft gefreut, vor allem, weil wir dachten, auf natürlichem Wege nicht schwanger werden zu können. Und dann ist unsere Tochter eben doch einfach so zu uns gekommen.

Für mich war von Anfang an klar, dass ich für diese Geburt einen ganz anderen Weg gehen möchte als in der anstrengenden und komplett überwachten Schwangerschaft mit Kaiserschnitt bei unseren drei Jungs. Ich habe mich also schon ganz früh mit dem Geburtshaus in Verbindung gesetzt, das aber schon voll war. Das war wirklich ein Schock, da ich jetzt nur noch die Wahl zwischen Hausgeburt und Klinik hatte und letztere für mich eigentlich nicht mehr infrage kam.

Fragen über Fragen stellten sich nun: Würde ich trotz Drillings-Sectio in der ersten Schwangerschaft für meine erste vaginale Geburt eine Hebamme finden, die bereit wäre, mich bei einer Hausgeburt zu begleiten? Und traute ich mich das überhaupt?

Es folgten viele Gespräche mit wundervollen Hebammen und mit meiner Freundin, die zu dieser Zeit gerade die Ausbildung zur HypnoBirthing-Kursleiterin machte. All diese Frauen haben mich so wundervoll in meinem Wunsch bestärkt und mir geholfen, mich von meinen Ängsten zu lösen. Sie haben es geschafft, das Bild von Geburt in mir tatsächlich vollkommen zu verändern. So sehr, dass ich mir schnell ganz sicher war, dass ich zu Hause gebären möchte.

> Sie haben es geschafft, das Bild von Geburt in mir tatsächlich vollkommen zu verändern.

Meine Freundin hat mich durch die Schwangerschaft begleitet. Sie hat mir so viel Zuversicht geschenkt, mir Techniken vermittelt, mit meinen Unsicherheiten und den Reaktionen der Umwelt umzugehen, und mich immer wieder dazu gebracht, an mich, meinen Körper, mein Baby und an meine Geburtsvision zu glauben. Da mein Mann die Geburt lieber nicht begleiten wollte, da er sehr unsicher war, habe ich sie dann auch gefragt, ob sie vielleicht meine Geburtsbegleitung sein wolle … und sie wollte!

Ich habe sehr viel mit meiner Tochter im Bauch gesprochen, habe mich mit Yoga und den Techniken aus dem HypnoBirthing jeden Tag auf die Geburt vorbereitet und etwa drei Tage vor ET begannen dann die ersten Wellen. Immer wieder wurden sie regelmäßig, hörten dann aber wieder auf und ich war langsam schon etwas irritiert, weil ich dachte, es geht nie mehr wirklich los. Rückblickend war das aber genau so wundervoll von meinem Körper und meiner Kleinen. So hatte ich immer wieder Zeit, mich noch mal auszuruhen, während sich der Muttermund langsam öffnete.

Welch ein Glück, dass die Hebamme mir das auch immer wieder gesagt hat. Meine Freundin hat auch noch die Trance zum Geburtsbeginn mit mir gemacht, was mir sehr guttat, weil ich noch mal bewusst Ängste und Unsicherheiten zur Geburt loslassen konnte.

Genau am ET wurden die Wellen dann richtig regelmäßig. Ich habe ihnen allerdings noch nicht getraut, habe mir meine lustige Lieblingsserie angesehen und bin durch den Raum gelaufen, wobei ich immer wieder die Hüfte gekreist habe, um Yuna bei der Positionierung zu helfen. Die Serie hat mir geholfen, mich zu entspannen, zu lachen und meine Stimmung leicht und unbeschwert werden zu lassen. Ich habe die Hebamme zwar angerufen, war aber nicht sicher, ob es jetzt wirklich losgeht.

Etwa zwei Stunden später wurde die Intensität der Wellen plötzlich sehr stark. Ich hatte das Gefühl, jetzt sofort in die Badewanne zu müssen. Jetzt konnte ich die Wellen auch nur noch mit dem Tönen veratmen. Also ließ ich mir Wasser ein und ging in die Wanne. Ich telefonierte noch mal mit der Hebamme, war aber immer noch nicht sicher, ob die Wellen nicht vielleicht doch noch mal aufhören, und vereinbarte mit ihr, mich noch mal zu melden. Kaum hatte ich aufgelegt, begannen die Geburtswellen … Es war so eine unermessliche Kraft, die da durch meinen Körper ging. Er schob von ganz allein. Ich tat nichts, gab mich einfach hin … Und dann war einfach Pause, zwischen jeder neuen Welle: Pause. Ich bat die Hebamme in der nächsten Pause, jetzt doch zu kommen, und rief meine Freundin an, die glücklicherweise nebenan wohnt und direkt zur Stelle war. Kurz bekam ich Angst, ob ich das wirklich schaffen kann, aber meine Freundin beruhigte mich und sagte mir, dass ich es wunderbar mache und dass alles in Ordnung sei. Ich war sehr froh, die 22er-Atmung (**Wellenatmung**) geübt zu haben, denn ich konnte so die Geburtswellen mit einem einzigen Ausatmen veratmen. Das Tönen half mir ungemein. Ich war ganz zentriert, ganz klar, ganz bei mir.

Die Hebamme schaffte es dann gerade noch rechtzeitig zu den letzten drei Geburtswellen. Es war so unbeschreiblich. Zwischen den Wellen war einfach Ruhe, Pause … ich schlief sogar kurz ein. Und dann spürte ich ihr Köpfchen. Noch zwei Wellen und sie war da – sie wurde tatsächlich in der Fruchtblase geboren, sodass die Hebamme diese erst mal öffnete. Und dann nahm ich meine Tochter in meine Arme. Das allererste Mal! Und ich weinte, war so überwältigt von diesem Wunder und glücklich.

Und dann nahm ich meine Tochter in meine Arme. Das allererste Mal!

Das ist es auch, was ich mitgenommen habe aus diesem schönsten Erlebnis meines Lebens. Ich habe mich noch nie in meinem Leben so verbunden gefühlt mit dem Leben, mit Mutter Erde, mit allem. Ich habe noch nie so ein tiefes Verstehen in mir gespürt. Und mir war so klar, dass es das Geburtsrecht aller Frauen ist, diese Verbundenheit zu spüren. So ein großes Heilungspotenzial für uns Menschen und die Welt liegt in dieser Erfahrung! Ich möchte alle Frauen ermutigen, sich dieser Erfahrung zu öffnen. Ich hatte keine Schmerzen, ich habe nur diese unermessliche Kraft in mir und durch mich wirken gespürt.

Christine

Vertrauen ins Vertrauen auf mich und mein Kind im Hier und Jetzt

Christine hatte mit ihrem erstem Kind eine traumatische Geburtserfahrung nach sekundärer Sectio wegen Geburtsstillstand. Nun war ein Kaiserschnitt geplant.

Frühmorgens bin ich von Wellen geweckt worden. Mal wieder Übungswellen, dachte ich. Ich habe einige genutzt, um die **Affirmationen** und Atemvarianten zu üben und bin danach aufgestanden. Ich bin wie üblich in den Tag gestartet, ein paar Yogaübungen, Dusche. Einige Stunden später wurden die Wellen häufiger und ich habe meinem Bruder, mit dem ich für den Tag verabredet war, abgesagt, da es sein könne, dass ich in den Kreißsaal gehe. Außerdem habe ich meine Freundinnen informiert, die dann auf meine Tochter aufpassen müssten.

Mein Partner hat angefangen zu kochen, da ich signalisiert hatte, dass ich nicht glaubte, dass es weitergehe. Allerdings wurden die Wellen heftiger und schneller. Meine Tochter wollte helfen und so haben wir ihr die Aufgabe gegeben, die Länge und Abstände der Wellen aufzuschreiben, was sie mit großer Motivation machte. Sie holte auch einen Massageball und massierte in den Pausen mein Kreuzbein.

Wir haben gegen Mittag die Doula angerufen und ihr mitgeteilt, dass die Wellen alle vier Minuten kamen. Sie war eine halbe Stunde später da. Als sie die Notizen zu den Zeiten ansah, meinte sie, dass das schon geburtsfähige Wellen seien. Jetzt freute ich mich sehr, zumal es mir gut ging und sich unsere zweite Tochter nun offenbar auf den Weg machte. Wir sind zum Krankenhaus gefahren und die Wellen wurden immer schneller. Im Eingangsbereich der Klinik gab es einige Formalitäten zu erledigen, sodass ich dort einige Wellen veratmet habe. Die

Doula hat mich immer wieder mit dem Rebozo-Tuch unterstützt. Zum Glück war die Notaufnahme nicht weit, bei der ich mehrfach klingeln musste, da ich mich oft übergeben musste.

Als endlich aller Papierkram abgeschlossen war, konnten wir in Richtung Kreißsaal gehen. Die Angebote eines Rollstuhls oder des Aufzuges habe ich immer wieder abgelehnt, mit der Motivation durch die Bewegung in meiner Kraft zu bleiben und die Wellen zu unterstützen. Die Hebamme nahm uns im Kreißsaal auf und machte ein CTG. Das Liegen bekam mir gar nicht gut, und ich war froh, als ich endlich wieder stehen und laufen konnte.

> Die Angebote eines Rollstuhls oder des Aufzuges habe ich immer wieder abgelehnt, mit der Motivation durch die Bewegung in meiner Kraft zu bleiben und die Wellen zu unterstützen.

Der Frust setzte ein, als ich erfuhr, dass der Muttermund erst ein bis zwei Zentimeter geöffnet war. Ich konnte es nicht glauben. Einen kurzen Moment kam Angst auf, wie lange ich das noch so gut aushalten könnte. Ich schaffte es aber innerhalb weniger Augenblicke, mich wieder auf die Geburt zu konzentrieren. »Stück für Stück« und »Ich bin im Hier und Jetzt« waren für mich entscheidende Gedanken, die ich durch die viele Übung schnell abrufen konnte. Ich habe mich entschieden, in die Wanne zu gehen, und das war ein tolles Erlebnis. Der Druck im unteren Bauch wurde sehr viel weniger und das Wasser gab mir ein wohliges Gefühl. Ab da konnte ich mich noch mehr und tiefer auf meine Geburt einlassen. In den Pausen habe ich mir immer wieder die Affirmationen aufgesagt. Ich war sehr fokussiert und habe vieles um mich herum vergessen, im Wissen dass mein Körper wusste, was zu tun war, und durch die Anwesenheit von meinem Partner und der Doula, die mir viel Sicherheit gegeben haben.

Nach circa zwei Stunden verspürte ich einen Pressdrang und schon bald platzte die Fruchtblase. Ab da hoffte ich, meine Tochter in der Wanne bekommen zu können. Nach einiger Zeit hat mich die Hebamme gebeten, aus dem Wasser zu steigen, damit sie mich untersuchen könne. Ich legte mich aufs Kreißbett und drehte mich in den Wellenpausen immer wieder, damit es meine Tochter einfacher hatte. Auch in der Phase ging es mir physisch und psychisch sehr gut. Ich fokussierte mich Welle für Welle und hatte tiefes Vertrauen.

Als es immer noch dauerte, schlug die Hebamme vor, mir Oxytocin zu geben. Ich war kurz verunsichert, da ich nicht einordnen konnte, was das bedeutete. Ich fragte, ob ich es noch so probieren könne, und ging in den Wellen immer wieder in die tiefe Hocke. Und tatsächlich, nach nur wenigen Hockpositionen war Lilly deutlich tiefer gerutscht, und die Ärztin wurde zur Geburt gerufen. Ich konnte es nicht fassen und fragte immer wieder, ob es gerade wirklich klappte. Die Ärztin schob am Ende mit. Einmal … und das Köpfchen war da – ein unglaublichen Gefühl. Ein zweites Mal … und mein Kind lag zwischen meinen Beinen. Unglaublich! Ich und Lilly, wir hatten es geschafft und waren beide gesund.

Ich war und bin so stolz, dass es mir gelungen ist, im Hier und Jetzt zu bleiben, keine Pläne zu machen und das große Vertrauen zu behalten, dass alles gut wird, egal wie. Offen zu sein für das, was kommt, und zu wissen, dass ich in jedem Moment in der Lage sein werde zu handeln. Ein Erlebnis, das mich stärker gemacht hat, als ich jemals war. Jetzt weiß ich, dass ich alles schaffen kann – mit dem tiefen Vertrauen, dass ich in jeder Situation handlungsfähig bleiben kann.

> Ein Erlebnis, das mich stärker gemacht hat, als ich jemals war.

GEBURT NACH EINEM KAISERSCHNITT

Du hattest einen Kaiserschnitt und fragst dich, wie deine nächste Geburt verlaufen wird? Siehst du der bevorstehenden Geburt unbeschwert und freudig entgegen, ist das wunderbar und du hast sehr viel Grund dazu. Vielleicht gehörst du aber auch zu den Müttern, die auf Vorbehalte treffen oder der nächsten Geburt mit Sorge entgegenblicken. Gerade dann möchte ich dir Zuversicht vermitteln. Egal, zu welcher Gruppe von Müttern du gehörst: Mit einer umfassenden Vorbereitung auf deine nächste Geburt schaffst du günstige Voraussetzungen für dich und dein Baby. Dann kannst du die Geburt im besten Fall nehmen, wie sie kommt. Die folgenden Schritte können dich in deiner Geburtsvorbereitung leiten:

- Den früheren Kaiserschnitt verstehen und verarbeiten.
- Rechtzeitig herausfinden, welche Möglichkeiten du aus medizinischer Sicht hast, und eventuell auch eine Zweitmeinung einholen.
- Deine nächste Geburt organisatorisch gut vorbereiten (Begleiter oder Begleiterinnen und Geburtsort finden).
- Dich körperlich und mental auf die nächste Geburt einstimmen, beispielsweise mithilfe von HypnoBirthing und Mentaltechniken.
- Einen weiteren Kaiserschnitt in deine Planung einbeziehen und das Thema dann loslassen.
- Mögliche Ängste zulassen und anschauen.

Gerade mit einem Kaiserschnitt in der Vorgeschichte ist es normal, wenn du zwischendurch unsicher bist oder sich Ängste melden. Halte dann inne und lass diese Ängste zu Wort kommen. Du kannst dich immer wieder fragen: »Was fühlt sich für mich gut an?« oder »Welcher Weg ist für mich und mein Baby jetzt stimmig?« Vielleicht ist dieser Weg anders, als du es dir vorgestellt hattest. Vertraue hier auf dein Gefühl. Hol dir kompetente und wertschätzende Menschen an deine Seite und folge dann mutig dem Weg zur Geburt deines Kindes, den dir dein Herz zeigt.

Deine Ute Taschner

HAUSGEBURT

Ein weiterer großer Irrtum ist der Glaube, HypnoBirthing sei nur etwas für die, die zu Hause gebären wollen, ein Programm für Hausgeburten. Das ist vollkommen falsch. Gerade weil vor allem in Deutschland die meisten Frauen (circa 98 Prozent!) in einer Einrichtung wie Klinik und – so es sie noch gibt – in Geburtshäusern gebären, habe ich HypnoBirthing 2.0 so überarbeitet und konzipiert, dass es für sie möglich ist, sich bestmöglich vorzubereiten. In Zusammenarbeit mit der Hebamme und/oder dem Geburtsteam der Klinik, das sie in ihren Anliegen unterstützt. Leider muss hier aber deutlich gemacht werden, dass nur noch wenige der Klinikgeburten ohne jede Manipulation stattfinden – gleich, was vorher abgesprochen war oder nicht. Das Klinikmanagement hat seine Vorgaben. Das heißt: Entscheidest du dich für eine Klinikgeburt, musst du dich an die Klinikbedingungen und ihre Abläufe anpassen. Je nach Klinik gelten die Bedingungen des »aktiven Geburtsmanagements«[14], wozu auf jeden Fall das Eingangs-CTG, das Legen eines venösen Zugangs und regelmäßige vaginale Untersuchungen gehören.

Solltest du dich noch nicht für den Geburtsort entschieden haben, mag es zur Entscheidungsfindung vielleicht helfen zu wissen, dass laut einer erstmaligen weltweiten Studie (der größten und umfassendsten in ihrem Feld) Hausgeburten genauso sicher sind wie Klinikgeburten. Vorausgesetzt es sprechen keine gesundheitlichen Faktoren dagegen und sie werden von Hebammen begleitet.[15]

In vielen der hier beschriebenen Geburtserfahrungen waren die Frauen zu Hause – in einem liebevoll gestalteten, selbstbestimmten Umfeld, ohne die Aufregung des Herumfahren-Müssens und wechselndes Personal. Das kann eine sehr tiefe und lebensverändernde Erfahrung von Stärke und Verbundenheit ermöglichen.

Laura

Die Geburt ist etwas Wundervolles und kann völlig entspannt und sanft sein

Laura hat drei Kinder zu Hause im Pool bekommen, unkompliziert und einfach nur schön. Sie beschreibt hier ihre erste Geburt.

Schon vor der Schwangerschaft habe ich mich mit dieser Zeit und der Geburt auseinandergesetzt und bin durch einen Zeitungsartikel auf das wundervolle Buch *Natürliche Wege zum Babyglück* von Nadine Wenger gestoßen. Dabei wurde meine Begeisterung für HypnoBirthing und die Hausgeburt geweckt. Im Internet fand ich dann auch einen Kurs, der zwar gute fünfzig Minuten von uns weg stattfand, doch die Vorstellung, eine sanfte Geburt zu erleben, war es uns wert.

Wenn ich meine Schwangerschaft beschreiben müsste, würde ich wenige Worte brauchen: einfach, unkompliziert und schön. Ich habe die Zeit bis zum letzten Tag genossen. Meine Vorsorgen hab ich bis auf die drei Basis-Ultraschalls alle bei meiner Hebamme gemacht. Wir hatten zwar wegen der geplanten Hausgeburt diverse Diskussionen mit Freunden, Familie und Frauenarzt, aber unsere Entscheidung stand fest. Der HypnoBirthing-Kurs hat mich darin weiter bestätigt und gestärkt. Durch den Kurs hatte ich eine Vielzahl an Hilfsmitteln, zum Beispiel die **Wellenatmung**, Texte zur Entspannung und einen perfekt vorbereiteten Mann an meiner Seite, der mir in schwierigen Phasen zur Seite stehen würde und wusste, wie er mich unterstützen kann.

Die Geburt begann in einer stürmischen Nacht. Um drei Uhr bin ich durch starke Wellen aufgewacht. Ich ging erst zur Toilette und als mir bewusst wurde, dass es jetzt tatsächlich losgehen sollte, weckte ich meinen Mann. Die Wellen wurden stärker und regelmäßiger. Zuerst haben wir noch gemütlich zusammen geduscht. Wir hatten keinerlei Stress, da wir nirgendwohin mussten, das fühlte sich toll und entspannt an. Nach dem Duschen habe ich mich mit Beckenkreisen entspannt. Christian hat in der Zwischenzeit den Geburtspool mit warmem

> Ich lag nur im Wasser und ließ mich komplett schweben. Die Wellen zogen wie Wolken an mir vorüber.

Wasser und Meersalz gefüllt. Ich fühlte mich da drinnen super. Der Raum war bis auf ein paar Kerzen, die Christian kreisförmig um den Pool gestellt hatte, dunkel. Im Hintergrund lief leise Entspannungsmusik, die wir nach einer Weile gegen eine Hypnose-CD austauschten. Danach war es für eine Weile ganz still. Ich konnte die **Wellenatmung** und meine Lieblingsaffirmation anwenden. Ich lag nur im Wasser und ließ mich komplett schweben. Die Wellen zogen wie Wolken an mir vorüber. Ich konnte sie sehr gut veratmen. Mein Mann hatte es sich auf der Couch neben dem Pool mit unserem Hund gemütlich gemacht.

Am frühen Morgen bat ich ihn, der Hebamme Bescheid zu geben, dass sie sich auf den Weg machen kann. Sie war eine Stunde später bei uns und setzte sich erst mal zwanzig Minuten neben den Pool, breitete ihre Sachen aus und sah einfach nur zu. Ihre ruhige Art und das Abwarten waren für mich so wichtig. So konnte ich in meiner Entspannung bleiben. Sie fragte mich dann, ob ich schon etwas spüre. Ich fühlte etwas sehr Weiches und Rundes, das ich nicht zuordnen konnte, da ich mir das Köpfchen hart vorstellte. Sie tastete und sagte, der Muttermund sei schon komplett geöffnet und was ich fühle, sei die intakte Fruchtblase. Ich spürte den Druck und atmete das Baby mit der **J-Atmung** nach unten. Es war ein schönes Gefühl. Christian versorgte mich immer wieder mit etwas zu trinken, wobei wir von Wasser auf Apfelsaft umschwenkten. Der Fruchtzucker gab mir neue Kraft. Bei stärkeren Wellen hielt er meine Hand und gab mir ebenfalls Kraft. Ich hatte keine starken Schmerzen, vielmehr war es wie ein Ziehen oder Dehnen des Gewebes. Als ich dann am Vormittag das Köpfchen fühlen konnte, musste ich lachen. Hebamme und Christian lachten mit. Als sie fragten, was los sei, antwortete ich: »Es macht Spaß!« Zu fühlen, wie weit die Geburt schon fortgeschritten war, war ein großartiges Gefühl.

Kurz darauf wurde das Köpfchen geboren, bis dann nach einer kleinen Pause mein Baby komplett auf der Welt war. Draußen schien auf einmal die Sonne durch den bewölkten Himmel in den Raum und der Kleine schaute mir sofort in die Augen. Ein wirklich unglaublich magischer Moment. Es war so wundervoll und wir genossen erst einmal viel Zeit zu dritt. Die Nabelschnur, die mir sehr dick vorkam, war ganz blau und man sah sie pulsieren. Wir ließen uns lange Zeit, sie auspulsieren zu lassen. Je weißer die Nabelschnur wurde, desto mehr Farbe bekam unser kleiner Engel im Gesicht. Mein Mann schnitt mit Unterstützung der Hebamme die Nabelschnur schließlich durch. Nachdem die Plazenta geboren war, kam ich aus dem Wasser und legte mich mit unserem Baby auf die Couch. Ich war so fit und fühlte mich wunderbar. Mein Mann schien wesentlich mehr geschafft zu sein. Es war nicht so leicht, den Pool mit unserem kleinen Wasserkocher auf etwa 37 Grad zu halten.

Mittlerweile haben wir drei wundervolle Kinder. Die anderen beiden Geburten waren mindestens genauso entspannt und wunderschön. Wir hatten zusätzlich eine Fotografin mit dabei, mit dem Versuch diesen magischen Moment »einzufangen«. Die eine Fotografin entschied sich dadurch selbst zu einer Hausgeburt ihres zweiten Kindes. Die andere hat sich mehrmals für dieses für sie heilsame Erlebnis bei uns bedankt.

FRAUENKÖRPER – FRAUENWEISHEIT – FRAUENKRAFT

»Durch Schwangerschaft, Geburt und Entbindung werden Frauen zum lebenden Beweis für die kontinuierliche Verwandlung von Energie in Materie«, schreibt Caroline Myss[16] und das passt, finde ich, sehr schön zu den hier versammelten Geschichten in ihrer ganzen Vielfalt. Nicht nur wenn dir eine Hausgeburt vorschwebt, frage dich: Bist du zutiefst davon überzeugt, dass du, dass dein Körper diese magische Kraft besitzt, ein Kind interventionsfrei zu gebären, oder hegst du doch irgendwelche Zweifel? Finde deine unbewussten Einstellungen und Glaubensmuster heraus. Meditiere, geh in die Natur, frag deinen Körper, geh in Dialog mit deinem Baby. Entdecke dich einschränkende Denk- und Verhaltensmuster, damit du nicht in die Falle sich selbsterfüllender Prophezeiungen fällst. Brav sein, Anweisungen von außen befolgen, obwohl es sich nicht gut, leicht, stärkend oder befreiend anfühlt, das bringt dich und dein Baby nicht zu einer kraftvollen Geburt. Geburt ruft nach deinem Mut, für dich und deine Wahrheit einzustehen – und das unabhängig davon, welche Form der Geburt du gewählt hast oder welche sich letztlich ergibt.

Willst du eine selbstbestimmte Geburt aus eigener Kraft erleben, wirst du nicht umhin kommen, dich selbst zu ermächtigen. Das kann niemand anders. Selbstermächtigung ist das Gegenteil von Resignation. Sich machtvoll zu fühlen ist das Gegenteil davon, sich als Opfer zu erleben. Selbstermächtigung heißt Selbstbestimmung – und das heißt: Du bestimmst selbst. Du übernimmst Verantwortung für das, was du als richtig für dich, deinen Körper und dein Kind empfindest. Du übernimmst die Verantwortung dafür, wie und wo du gebärend willst, wer dich begleiten darf. Du übst dich in der Kraft des klaren Nein zu dem, was für dich falsch ist, bei dem du dich klein und hilflos fühlst. Du vertraust nicht althergebrachten Geburtsmythen und Dramen. Du überlässt die Geburt deines Kindes nicht der Macht von Umständen, Hebammen oder Ärzteschaft. Nicht weil das grundsätzlich falsch wäre. Nein!

Bist du im Einklang, kannst du aus ganzem Herzen zu den Maßnahmen, die dir angetragen werden, Ja sagen?

Jeder Mensch in diesem Feld tut sein Bestes, handelt mit den besten Absichten, möchte dich nach bestem Wissen und Gewissen unterstützen. Unter Umständen aber aus Zwängen (Stichwort Krankenhausmanagement) oder auf einer Grundlage oder aus Sichtweisen heraus, die gar nicht mit den deinen übereinstimmen.

Stell dir immer wieder die Frage: Bist du im Einklang, kannst du aus ganzem Herzen zu den Maßnahmen, die dir angetragen werden, Ja sagen? Wenn ja, dann ist das genau der richtige Weg für dich. Punkt. Wenn nicht, liegt es in deiner Verantwortung, etwas zu ändern. Nur du kannst das. Es gilt, dich auf die Suche nach Alternativen zu machen, immer wieder nachzuspüren, mutig deinem Herzen zu folgen. Dein Herz sagt dir, ob es stimmig ist oder nicht. Wenn es stimmig ist, fühlt es sich leicht und weit, einfach richtig an. Und in deinem Herzen findest du auch die Kraft für deine Wahrheit zu gehen.

Selbstermächtigung kann dir niemand geben. Niemand. Diese Macht musst du dir selbst zusprechen, du musst sie für dich in Anspruch nehmen, einfordern. Das ist oftmals ein Prozess, ja, aber du hast die ganze Schwangerschaft dafür Zeit. Wenn du dich gut versorgst, wachsen Tag für Tag ein wenig mehr Zuversicht und Selbstvertrauen. Am Ende des Weges werdet ihr beiden – du und dein Baby – durch das Ziel hindurchgehen. Dann werdet ihr gemeinsam die Herausforderung Geburt meistern. Es gibt immer dieses kleine bisschen mehr, das du für dich tun kannst. Und dieses kleine bisschen kann unerwartet die große Wende bringen. Und es kann dich stark machen.

Wir werden nur einmal geboren

Steh für dich und dein Baby ein. Es ist eure Geburt. Du musst dich nicht erklären oder entschuldigen, weil du etwas anderes willst als dein Umfeld. Erlaube dir, mutig, frech, aufmüpfig, unbescheiden, unbequem, kritisch, schonungslos ehrlich zu sein. Hol die Löwin in dir raus und lass sie los. Zeig notfalls deine Zähne. Fordere furchtlos deine Wünsche ein. Es ist dein Recht. Verbünde dich mit starken Frauen aus deiner Familie, dem Freundeskreis, vielleicht auch aus der Hypno-Birthing-Community, dem Netz oder Social Media. Finde die Medizinerinnen und Mediziner, die dich in deinem Sinne begleiten. Vielleicht musst du etwas länger suchen, aber es gibt sie.

Im Zweifelsfall trenn dich von allem, das dich auf deinem Weg behindert und dein Herz eng macht. Aber trenn dich niemals von dir selbst. Du bist die wichtigste Person in deinem Leben. Du bist die Schöpferin, auch die Schöpferin deiner Geburt.

Angela
Selbstbestimmt gebären, statt entbunden werden

Angela beschreibt die selbstbestimmte Wassergeburt ihrer Tochter, die sie als angst- und schmerzfrei in einer Klinik erlebte.

Als sich eines Morgens der Schleimpfropf verabschiedete, haben wir recherchiert, wie so etwas aussieht. Doch, er war es. Ich war mir sicher, dass es jetzt schnell losgeht. Erst aber noch zum Bäcker und dann ausgiebig frühstücken. Die Wellen kamen bald regelmäßig, in Abständen von mehr als zehn Minuten. Als es nur noch vier oder fünf Minuten waren, fuhren wir in die Klinik. Auf der Fahrt war die **Wellenatmung** super hilfreich, ich hatte dadurch keine Schmerzen, nur ein kräftiges Ziehen war zu spüren. Zwischen den Wellen habe ich die **Ruheatmung** genutzt und mich darauf konzentriert, die Bereiche, die gezogen haben, zu entspannen.

Im Klinikum wurde zunächst ein CTG geschrieben, die Wellen waren meiner Meinung nach genauso kräftig, aber vielleicht etwas weniger häufig als auf der Fahrt. Die Hebamme untersuchte den Muttermund meinte, wir sollen ein oder zwei Stunden spazieren gehen. Der Muttermund sei noch zu eng und weit hinten. Allerdings sollte vorher noch ein Ultraschall gemacht werden.

Während des Ultraschalls musste ich drei heftige Wellen wegatmen. Die Ärztin war zum Glück geduldig und einfühlsam, ich konnte die Wellen nicht im flachen Liegen ertragen, sondern musste die Beine anziehen. Durch den Wechsel der Räumlichkeit und die Untersuchung fand ich es schwer, wieder in die ruhige Atmung zu finden. Das Ergebnis des Ultraschalls, zusammen mit der Information der Hebamme hat mich emotional zunächst niedergedrückt: Es würde noch dauern.

Die Ärztin wollte nach dem Ultraschall noch mal nach dem Muttermund schauen, dabei ist die Fruchtblase geplatzt, worauf sie rief: »Oh schön, Ihr Baby kommt heute!« Der Spaziergang wurde abgesagt, wir sind zurück in den Kreißsaal gegangen. Die Hebamme hat uns allein gelassen. Sie wollte die Anmeldeunterlagen holen, wir sollten klingeln, wenn etwas wäre.

Im Kreißsaal habe ich mir den Ball geholt, da ich merkte, dass die Wellen zunehmend stärker und die Abstände rapide kürzer werden. Ich habe mich während der Wellen an meinen Mann gehangen und er hat mit mir gemeinsam geatmet. Irgendwann kam schlagartig eine Hammerwelle. Ich konnte mich nicht auf dem Ball halten und bin auf die Matte auf die Knie, was auch nicht gut war. Ich hatte das Gefühl, keine Luft mehr zu bekommen, und sah plötzlich nur verschwommen. Ich dachte, mein Kreislauf bricht jeden Moment zusammen.

Mein Mann hat die Hebamme gerufen und beide haben mir auf das Kreißbett geholfen. Hier konnte ich gut im Vierfüßlerstand knien, nachdem das Bett in der Höhe gut eingestellt wurde. Die Hebamme hat mir eine Sauerstoffmaske gegeben, was medizinisch sicherlich nicht notwendig war, psychologisch aber eine tolle Hilfe. Ich hatte etwas, woran ich mich klammern konnte. Die Wellen waren jetzt so heftig und auch schmerzhaft, dass ich die **Wellenatmung** nicht mehr durchführen konnte. Ich wechselte zur Schnappatmung und konzentrierte mich schließlich darauf, langsam auf »O« auszuatmen.

Während der Wellen habe ich mich kräftig bewegt, aufgerichtet, das Becken gekreist und hin- und hergeschwungen, wie es in den Videos zu sehen war. Mein Mann hat mich toll unterstützt, indem er mit der Hand fest auf mein Kreuzbein gedrückt und meine Kreisbewegungen mit der Hand unterstützt hat. Die Wellen kamen in echt kurzen Abständen, teilweise konnte ich dazwischen gerade einmal Luft schnappen. In den Pausen habe ich konsequent versucht, locker zu bleiben beziehungsweise zu schauen, dass ich nicht verkrampfe. Dank der Massage meines Mannes ist mir das ganz gut gelungen.

Die Hebamme teilte mir nach einer gefühlten Ewigkeit mit, dass der Muttermund schon bei sechs Zentimeter wäre. Das hat mich total frustriert, weil ich zu dem Zeitpunkt dachte, ich könne das nicht mehr lange aushalten. Die Wellen waren richtig heftig und schnell. In diesem Moment begann ich mit meiner

> Während der Wellen habe ich mich kräftig bewegt, aufgerichtet, das Becken gekreist und hin- und hergeschwungen.

Tochter zu reden und ihr zu sagen, dass sie bitte rauskommen soll, und zwar jetzt und schnell. Kurz darauf war der Muttermund plötzlich ganz offen.

Ich wollte unbedingt in die Wanne. Dort habe ich mich im Halbseitsitz hingesetzt und konnte das Köpfchen schon mit den Fingern tasten, es war nur noch zwei Fingerglieder tief drinnen. Mit der ersten Presswelle, bei der ich allerdings keinen Presszwang verspürte, schob sich das Köpfchen schon raus, rutschte aber wieder zurück. Bei der nächsten Welle wurde es dann geboren. Ich hatte meine Hand die ganze Zeit auf dem Damm und es war ein unglaublich schönes Gefühl, das Köpfchen in die eigene Hand gleiten zu lassen. Mein Mann konnte es auch berühren. Er empfand die nun folgende Wellenpause ewig lang, für mich war es einfacher, weil ich gespürt habe, dass sich etwas tut. Eine Welle später schoss meine Tochter mit Kraft ins Wasser. Während dieser Geburtswellen hatte ich keine Schmerzen und konnte mich gut auf die J-Atmung konzentrieren. Ich habe allerdings etwas mitgedrückt, weil ich so ungeduldig war und endlich meine Tochter im Arm halten wollte. Das war nun endlich der Fall. Sehr beeindruckend fand ich die Tatsache, dass ich während der Geburt immer wieder gespürt habe, wie meine Tochter mitarbeitet. Ganz toll war das Gefühl, als sie sich direkt vor der letzten Welle gedreht und mit den Füßen abgestoßen hat.

Ganz behutsam haben wir die Kleine aus dem Wasser auf meinen Bauch geschoben. Sie hat gleich, soweit das möglich war, die Augen geöffnet und auch das Anlegen an der Brust hat sofort geklappt. Die Nabelschnur hat nach dem Anlegen aufgehört zu pulsieren. Mein Mann hat sie dann durchtrennt. Leider wollte die Hebamme nun an der Nabelschnur ziehen, um zu sehen, ob sich die Plazenta löst. Dies wurde von mir vehement unterbunden. Etwas später wurde die Plazenta geboren. Danach wurde ich genäht, während mein Mann Valentina auf seiner Brust liegen hatte und später die U1 begleitete.

Wir durften, solang wir wollten, im Kreißsaal bleiben und in Ruhe Valentina begrüßen. Es war ein unglaubliches eindrucksvolles Geburtserlebnis, das wir ohne den Kurs sicher so nicht erlebt hätten. Ganz besonders hat mir – auch

> In diesem Moment begann ich mit meiner Tochter zu reden und ihr zu sagen, dass sie bitte rauskommen soll, und zwar jetzt und schnell.

schon während der Schwangerschaft – das Vertrauen in meinen Körper geholfen und die Zuversicht, dass ich genauso wie mein Mann mit den gelernten Methoden einen Koffer voller Möglichkeiten hatte, aus dem wir schöpfen können.

Elfriede

Ich war tierisch stolz auf meinen Sohn und darauf, es geschafft zu haben, ihn natürlich zu gebären

Elfriede beschreibt die Klinikgeburt ihres ersten Kindes.

Meine Geburt begann zehn Tage vor dem errechneten Termin am späten Abend. Nach einem sehr heißen Sommertag, den ich im Schwimmbad verbracht hatte, und einem netten Treffen mit einer Freundin und einem Spaziergang aßen mein Mann und ich gemütlich zu Abend. Mir war sehr wichtig, dass wir nochmals gemeinsam den Ablauf der Geburt durchgehen, obwohl wir dies schon mehrfach getan hatten. Wir wollten es nach dem Essen tun und ich ging noch mal zur Toilette. Während dem Wasserlassen hörte ich plötzlich einen Knack, so als würde man mit den Fingerknöcheln knacken. Es war aber kein Knochenknacken. Ich dachte sofort an die Fruchtblase, spürte jedoch nichts und sah auch kein Fruchtwasser. Allerdings kam etwas Blut mit und anschließend hatte ich Durchfall. Während ich noch überlegte, ob dies nun die Geburt ankündigen würde, kam beim Händewaschen auch schon die erste Welle, in einer Stärke, die mich überraschte, aber nicht wehtat.

Euphorisch lief ich ins Wohnzimmer, um meinem Mann zu sagen, dass es losginge. Wir machten es uns auf der Couch gemütlich, um die Entspannungsübungen zu machen. Mein Mann war gerade dabei, die CD einzulegen und mein Lieblingslavendelöl zu richten, als eine weitere Welle kam, wieder sehr stark, aber nicht schmerzhaft. Ich war überrascht, wie schnell es ging. Schon kamen die Wellen alle vier Minuten und ich war voll und ganz mit der langsamen Atmung beschäftigt, die gut klappte. Zwischen den Wellen war ich jedoch nicht so wirklich entspannt.

Die Autofahrt war nicht sehr angenehm, da ich die Wellen in der sitzenden Position nicht sehr gut veratmen konnte. In der Klinik wurden wir schnell aufgenommen – wir hatten Wochen zuvor unsere Geburtswünsche bereits mit einer Hebamme besprochen und die Wünsche dort gelassen. Als die Schwester hörte, dass dies mein erstes Kind sei und die Wellen erst seit einer Stunde kamen, sagte sie: »Okay, wir machen mal ein CTG, aber dann können Sie sicherlich noch mal nach Hause.« Ich war mir zu diesem Zeitpunkt aber schon sehr sicher, dass ich nirgendwohin außer in den Kreißsaal gehen würde!

CTG- und Wellenschreiber-Werte überraschten dann die Schwester und eine Ärztin überprüfte meinen Muttermund – er war bereits acht Zentimeter geöffnet. Während der halben Stunde CTG wurden die Wellen immer stärker und ich wandte die 4-8er-Atmung (**Ruheatmung**) an, die Entspannungsmusik über iPod im Ohr.

Als wir dann in den Kreißsaal gehen durften (Betonung liegt auf »gehen«, was ich als extrem unangenehm und anstrengend empfand), wollte mich die Hebamme dort noch zu einem Bad überreden, was ich aber ablehnte. Dennoch bat sie mich, zur Toilette zu gehen. Zum Glück kam sie mit, denn ich war voll und ganz auf die Atmung konzentriert und musste aufgrund der Stärke der Wellen mehrfach auf dem kurzen Weg stehen bleiben. Wasserlassen funktionierte und es war herrlich entspannend, auf der Toilette zu sitzen – da wäre ich am liebsten geblieben! Da ich jedoch schon einen starken Presswunsch hatte, was die Hebamme überraschte, richtete sie sich auf eine schnelle Geburt ein und fragte, ob eine Hebammenschülerin zuschauen dürfe.

Endlich im Kreißsaal angekommen konnte ich mich nun gut entspannen, mein Mann machte die Musik an und ich war ganz bei mir, meinem Kind und meinem Mann. Bei jeder Welle hörte ich, wie er ruhig unsere **Affirmationen** sagte. Mit wachsender Stärke der Wellen, die ich als zunehmend schmerzhaft, aber auszuhalten empfand, drückte und quetschte ich seine Hand. Mir half es sehr zu spüren, dass er für mich da war.

Das CTG musste permanent an mir bleiben. Wir baten darum, den Ton ganz leise zu stellen, denn ich spürte genau, dass es unserem Sohn sehr gut ging. Welle um Welle veratmend vergingen so drei Stunden, in denen ich mehrfach die Position wechselte, um meinen Rücken zu entlasten. Zwischen den Wellen konnte ich ganz loslassen und war tief in der Entspannung, bei mir und meinem Kind. Ich spürte nur, dass die Wellen zwar stark, aber recht kurz waren und dass mein Kind nicht wirklich vorankam.

Irgendwann in dieser Phase wandte sich die Hebamme an uns und fragte, ob wir den Wunsch hätten, sie auszuwechseln und von einer anderen Hebamme begleitet zu werden. Sie war der Meinung, die Chemie stimme nicht. Ich war total überrascht und verneinte, mein Mann ebenso, denn wir waren mit ihr zufrieden und fühlten uns gut aufgehoben. Erst später wurde mir klar, dass diese Art von durch die Eltern angeleiteter Geburt absolut neu und ungewohnt für sie und sie trotz langjähriger Berufserfahrung verunsichert war.

Sie riet uns gegen drei Uhr morgens zu einem Wellentropf (Oxytocin) und zu einem Katheter, um »Platz zu schaffen«. Ich war überrascht, denn für mich schienen nur Minuten vergangen zu sein. Ich fühlte mich locker, leicht, kein bisschen erschöpft und war voller Zuversicht und Freude. Nach kurzer Diskussion mit meinem Mann entschieden wir uns für den Wellentropf und auch den Katheter. Bald kamen die Wellen wieder in kürzeren Abständen und dauerten auch länger an. Jetzt hatte ich das Gefühl, dass unser Sohn schon fast da wäre, und tatsächlich konnte man während der Welle schon sein Köpfchen sehen. Allerdings rutschte er immer wieder etwas zurück. Ich versuchte, die Geburtsatmung (J-Atmung) anzuwenden, was mir allerdings nicht mehr vollumfänglich gelang.

> Ich wusste zu jedem Zeitpunkt, dass es meinem Sohn gut ging und ich die Geburt gut schaffen würde.

In der Visualisierung hatte ich immer mit der sich öffnenden Knospe gearbeitet – während der Geburt funktionierte das aber nicht mehr. Ich dachte stattdessen nur noch daran, wie mein Sohn durch den Geburtskanal gleitet und rauskommt, und ich sprach auch mit ihm. Ich wusste zu jedem Zeitpunkt, dass es ihm gut ging und ich die Geburt gut schaffen würde.

Frauenkörper – Frauenweisheit – Frauenkraft

Die Hebamme und die mittlerweile anwesende Ärztin rieten mir mitzuschieben. Wie lange ich schob, weiß ich nicht mehr – ich empfand die allerletzte Phase als sehr anstrengend und auch sehr schmerzhaft.

Als unser Sohn schließlich um 5.47 Uhr geboren wurde, glaubte ich zu platzen, und gleichzeitig spürte ich eine unendliche Erleichterung und Freude. Ich wollte ihn sofort in die Arme schließen und gefühlt dauerten die Sekunden, bis ich ihn nehmen konnte, ewig. Endlich im Arm war es einfach nur überwältigend und ich war tierisch stolz – auf ihn und darauf, es geschafft zu haben, ihn natürlich zu gebären. Er war sehr aufmerksam, schrie kaum und trank nach ein paar Minuten. Ich fühlte mich gesund und fit und nur ein bisschen müde – immerhin hatten wir ja die Nacht durchgemacht.

Die Hebamme sagte mir im Anschluss tatsächlich, dass sie so eine Geburt noch nie erlebt hätte und ich aus ihrer Sicht unglaublich stark, fit und mit einer großen Schmerztoleranz ausgestattet sei. Darüber hinaus erklärte sie, dass normalerweise bereits nach zwei Stunden »Stillstand in der Austreibungsphase« ein Kaiserschnitt durchgeführt wird und sie nur deshalb damit warteten, weil ich so glücklich aussah, immer wieder beteuerte, wie gut ich mich fühlte, und die CTG-Werte unseres Sohnes stark und stabil waren. Ich dankte ihr für ihre Bereitschaft, sich auf die HypnoBirthing-Methode eingelassen zu haben.

Rückblickend würde ich den Wellentropf ablehnen und mich ganz auf mich selbst und mein Körperempfinden verlassen. Ich vertraute in der gesamten Schwangerschaft auf mein Körpergefühl und meine Verbindung zu meinem Kind – daher werde ich dies bei einer hoffentlich nächsten Geburt auch bei der Geburt tun und nicht medizinisch notwendige Unterstützung ablehnen.

Beate
Traumgeburt nach Traumageburt

Nach einer traumatischen ersten Geburtserfahrung gebar Beate ihr zweites Kind trotz Terminüberschreitung interventionsfrei per Wassergeburt im Geburtshaus, ohne Geburtsverletzungen, obwohl das Baby sehr groß war.

Schon vor der zweiten Schwangerschaft stand für mich fest, dass ich mich mit HypnoBirthing auf die Geburt vorbereiten wollte. Die Geburt unseres ersten Kindes war sehr traumatisch für mich verlaufen: Ich hatte so ziemlich jede Intervention mitgenommen, die die Geburtsmedizin heutzutage zu bieten hat, und das hatte Nachwirkungen. Nach der Geburt hatte ich zwar ein gesundes Kind in Händen, fühlte mich selbst aber wie eine leere Hülle. Es dauerte Monate, bis ich dieses Ereignis verkraftet hatte.

Beim zweiten Mal sollte alles anders laufen und so meldete ich mich direkt zu Beginn der Schwangerschaft im Geburtshaus und bei der Hebamme zum HypnoBirthing-Kurs an. Das veränderte einfach alles: Die Werkzeuge, die mein Mann und ich im Kurs lernten, halfen mir, meine immer wieder auftauchende Panik vor der herannahenden Geburt gut in den Griff zu bekommen. Je weiter die Schwangerschaft fortschritt, umso größer wurde mein Vertrauen in meinen Körper, bis ich es zuletzt kaum mehr erwarten konnte vor lauter Vorfreude und auch Neugier, dass die Geburt endlich losging.

> Je weiter die Schwangerschaft fortschritt, umso größer wurde mein Vertrauen in meinen Körper.

Nachdem der errechnete Termin verstrichen war, stellte uns unsere Tochter auf eine echte Geduldsprobe. Mehrere Male lehnte ich eine medizinische Einleitung auf Vorschlag der Frauenärztin ab, nachdem klar war, dass es dem Baby gut und auch mir prächtig ging. Dass ich den Großteil der Vorsorgeuntersuchungen bei meinen zwei Hebammen absolviert hatte, kam mir nun zugute: Sie kannten mich und mein Baby und bestärkten mich in meinem Vertrauen, dass es selbst seinen Geburtstag bestimme.

Die Zeit nach dem errechneten Termin nutzte ich für schöne Aktivitäten: noch einmal mit dem Großen auf den Spielplatz, Essen gehen mit meinem Mann und gemeinsame Spaziergänge an langen Sommerabenden. Wir beschäftigten uns in dieser Zeit auch noch einmal ganz besonders intensiv mit den Hypno-Birthing-Werkzeugen.

Nachdem ich an ET+9 tagsüber unregelmäßige Wellen spürte, überredeten wir unseren Sohn, bei den Großeltern zu übernachten. Ich ließ mir eine warme Badewanne ein und mein Mann las mir die Hypnose zur Förderung des Geburtsbeginns vor. Von da an kamen die Wellen regelmäßig. Wir gingen früh ins Bett, wobei ich recht schnell wieder ins Wohnzimmer auf den Pezziball wechselte und mir dabei Affirmationen anhörte. Als die Wellen intensiver wurden, weckte ich meinen Mann und wechselte in die Badewanne. Schnell verkürzten sich die Wellenabstände, durch die erlernte Atmung fiel es mir aber leicht, damit umzugehen.

Als die Wellen im Drei-Minuten-Takt kamen, kontaktierte mein Mann die Hebamme und wir fuhren ins Geburtshaus. Ich war während der Fahrt in eine warme Decke gehüllt, hatte meinen Geruchsanker dabei, der mich an die entspannten Übungssituationen erinnerte, und war komplett fokussiert auf mich und die Geburtsarbeit. Es verwundert daher nicht, dass die Wellen trotz des Ortswechsels weiterhin regelmäßig und kräftig kamen.

Im Geburtshaus erwartete uns meine liebevolle Hebamme und ein nur von Kerzenschein beleuchtetes Gebärzimmer – es war urgemütlich! Ich wollte direkt in die Badewanne, denn das Wasser half mir, mich komplett zu entspannen. Bei jeder heranrollenden Welle entspannte ich mich ganz bewusst von Kopf bis Fuß und atmete ruhig, bis sie vorüber war. Dies funktionierte so unheimlich gut, dass ich noch mehr Vertrauen in das Können meines Körpers bekam. Mein Mann unterstützte mich, indem er mir regelmäßig Trinken reichte, mir gut zusprach, mich ermutigte und die größte Stütze war, die ich mir hätte wünschen können.

Die Hebamme kam in regelmäßigen Abständen, um die Herztöne des Babys zu messen, war hochzufrieden und räumte uns dann wieder die Ruhe und Privatsphäre ein, die ich brauchte, um meinen Fokus auf dem zu halten, was mein Körper da gerade leistete.

Als die Austrittsphase begann und mich das erste Mal diese Urkraft durchfuhr, die mein Baby Richtung Geburtsausgang schob, fiel ich für einen Moment vor Überraschung aus der Konzentration. Ich atmete zu schnell und drohte mitgerissen zu werden. Schnell holte mein Mann die Hebamme und gemeinsam mit ihr schaffte er es, mich zurück in die Konzentration zu bringen, sodass ich schnell zurück in meinen Atemrhythmus fand. Ich drehte mich in der Wanne in Seitenlage, was sich in dem Moment ganz intuitiv richtig anfühlte.

Das Mitschieben war anstrengend und ich spürte, wie das Köpfchen sich seinen Weg vor und wieder zurück durch den Geburtsweg bahnte. Die Hebamme zeigte mir mit ihren Fingern, wohin ich den Atem richten sollte (J-Atmung), das half mir ungemein, die Kräfte richtig zu bündeln und einzusetzen.

Die Fruchtblase ging auf, und einige Wellen später war schließlich der Kopf geboren. Ein Großteil war geschafft, ein erster Moment der Erleichterung stellte sich ein und mein Körper gönnte sich eine lange Wellenpause, um Kraft zu schöpfen für die letzte Welle, mit der unsere Tochter schließlich ins Wasser geboren wurde.

Ich konnte mein Glück kaum fassen: Sie war nach langersehntem Warten, zehn Tage nach dem errechneten Termin, endlich da. Ich hatte es tatsächlich geschafft, sie aus eigener Kraft, im eigenen Tempo und ohne jegliche Interventionen zur Welt zu bringen! Ich fühlte mich, als könnte ich Bäume ausreißen, nie im Leben war ich stolzer auf mich und auf uns alle, die wir ein echtes Geburtsteam gewesen waren.

> Ich hatte es tatsächlich geschafft, meine Tochter aus eigener Kraft, im eigenen Tempo und ohne jegliche Interventionen zur Welt zu bringen!

Wir wechselten zum Kuscheln und für die Geburt der Plazenta ins Geburtsbett. Auch hierfür wurde uns so viel Zeit eingeräumt, wie wir eben brauchten. Das Stillen funktionierte wie von selbst und nachdem ich gefrühstückt und geduscht hatte, waren wir schon dreieinhalb Stunden nach der Traumgeburt auf dem Weg nach Hause, wo wir nach einer Mütze voll Schlaf dem stolzen großen Bruder seine kleine Schwester vorstellten. Was für ein Moment!

Mit über vier Kilo Geburtsgewicht, das unsere Tochter hatte, war ich sehr erleichtert, keinerlei Geburtsverletzungen davongetragen zu haben, was sicherlich an der sanften Art und Weise lag, wie sie zur Welt kommen durfte. Hypno-Birthing hat mich dabei unterstützt meinem Körper (wieder) zu vertrauen, es hat mich und meinen Mann näher zusammengebracht und mir Werkzeuge fürs Leben mitgegeben. Wir sind so viel stärker und einflussreicher, als wir manchmal glauben!

Heute bin ich selbst Kursleiterin für HypnoBirthing 2.0 und trage dieses Wissen hinaus in die Welt, damit noch viel mehr Frauen, Babys und Geburtsbegleiterinnen und -begleiter eine solch schöne Erfahrung machen dürfen wie wir!

VERTRAUEN. ODER: GEBURT IN BECKENENDLAGE, GEBURT VON ZWILLINGEN UND ÄUSSERE WENDUNG

Wir brauchen Vertrauen während der Schwangerschaft und vor allem im Hinblick auf die Geburt. Ihm entgegen stehen unsere Ängste und Befürchtungen, zu denen ein Szenario ganz unmittelbar gehört: die Beckenendlage (BEL). Wie oft taucht die Frage auf: »Was, wenn sich das Baby nicht dreht?« Nun, dann geht es auch so. Eine BEL liegt dann vor, wenn das Baby anstatt mit seinem Köpfchen mit seinem Popo und/oder den Füßchen zum Geburtsausgang liegt. Ganz wichtig ist hier zu wissen, dass auch BEL eine ganz natürliche, nur nicht so häufige Variante für eine Kindslage ist. Sie tritt lediglich bei circa 4 Prozent der Schwangerschaften auf. Anders als bei einer Querlage, bei der das Kleine Quer zum Geburtsausgang liegt und ein Kaiserschnitt angeraten ist, stellt sie keinen Risikofaktor dar.

Bis vor einer Generation wurde eine BEL als so normal angesehen, dass man ihr keine besondere Beachtung schenkte, gleich ob die Geburten daheim oder in der Klinik stattfanden. Weil diese Variante jedoch etwas mehr Know-how von medizinischer Seite her erforderte, wurde es Usus, einen Kaiserschnitt zu machen, weil das einfacher war. Mehr wurde dann auch nicht mehr gelehrt.

Versierte Hebammen verfügen über ein großes Repertoire an Hilfsmitteln, um das Baby in eine Drehung einzuladen. Es gibt sogar eine, allerdings nicht ganz unkomplizierte beziehungsweise ungefährliche Maßnahme, die sogenannte äußere Wendung: Hier wird das Kind im Mutterleib von einer speziell darin ausgebildeten Fachperson von außen manuell gedreht, bis das Köpfchen in Mamas Becken liegt. In einer der folgenden Geschichten erzählt Elisabeth, wie sie diese Wendung erlebt hat.

Als sehr effektiv hat sich darüber hinaus die Hypnose erwiesen, bei der sich in etwa 80 Prozent der Fälle die Babys innerhalb von ein bis zwei Tagen in Kopflage drehen. Es wird vermutet, dass unter anderem die Entspannung, die die Mutter während der Hypnose erfährt, dazu beiträgt, Raum für eine Drehung zu schaffen. Aber ganz genau weiß man nicht, warum diese Methode so erfolgreich ist. Das HypnoBirthing 2.0 bietet auch eine Hypnose an, die sich »Der Dreh« nennt. Sie ist darauf ausgerichtet, das Baby einzuladen, einen Purzelbaum in die Poleposition zu machen.

Wenn das Baby sich nicht drehen will, hat das einen Grund. Keiner kennt sein Lebensumfeld in Mamas Bauch so gut wie das Kleine, das in ihm wohnt. Der wichtigste Dreh daher sollte in Mamas Kopf stattfinden: indem sie die Geburtslage ihres Babys akzeptiert und sich vielleicht auch für eine Geburt in BEL vorbereitet. Die wichtigste Voraussetzung ist Vertrauen. In dich und deinen Körper, in deine Kraft, in dein Baby und in deinen Partner. Ilka bringt es wunderbar auf den Punkt: »Wenn es so rum rauskommt, kommt es auch andersrum raus.«

Ilka

Wenn es so rum rauskommt, kommt es auch andersrum raus

Ilkas zweites Kind wurde in der Klinik geboren, zunächst unter personell und räumlich suboptimalen Bedingungen, dann selbstbestimmte, schöne, fast schmerzfreie Spontangeburt in Beckenendlage.

Unser Baby lag in BEL und kein Hilfsmittel konnte es animieren, sich zu drehen. Die Frauenärztin und der Arzt im Krankenhaus empfahlen einen Kaiserschnitt. Doch ich wollte natürlich gebären. In meinem Umkreis wurde zusätzlich viel auf mich und meinen Mann eingeredet. Ich bekam irgendwelche Berechnungen, wie viel höher das Risiko sei, das irgendwas schiefgehen könnte. Im Grunde ist das Quatsch! Wenn es so rum rauskommt, kommt es auch andersrum raus, oder? Die Kraft und Sicherheit, unseren Weg zu gehen, hat uns HypnoBirthing gegeben. Ich habe meinem Körper – mir! – zu 100 Prozent vertraut.

Bei der Anmeldung im Krankenhaus habe ich einige Wünsche ausgesprochen (was ich vor diesem Kurs nicht gemacht hätte):

- Keine aktive Nachfrage, ob ich Schmerzmittel möchte.
- Mein Mann ist mein Sprachrohr.
- Kein dauerhaftes CTG (nur, was medizinisch notwendig ist)
- Keine Wehen! Sondern Wellen …
- Am Damm nicht schneiden, sondern reißen lassen.
- Am liebsten mich einfach machen lassen, wir melden uns, wenn was ist!

Mein Mann und ich waren durch den Kurs bestens vorbereitet. Wir legten eine Playlist mit unseren Lieblingsliedern an und nahmen die Box mit in den Kreißsaal. Wir schrieben schöne Erinnerungen auf, von denen mein Mann mir während jeder Welle welche erzählte. Die Zettel gaben ihm Sicherheit, falls er nervös würde und keine klaren Gedanken haben sollte. Wir liebten vor allem die Hypnose »Regenbogen« und den »Anker«, wie wir sie aus dem Kurs kannten. Wir hatten sie anfangs etwas zögerlich genutzt, aber bei jeder Übung merkten wir, das wir sie irgendwann täglich machten und irgendwie auch brauchten.

Als nachts um drei Uhr die Fruchtblase platzte, wusste ich: Heute lerne ich unsere kleine Tochter kennen. Ich weckte meinen Mann, wir freuten uns und waren zugleich ruhig. Entspannt legten wir uns wieder ins Bett, kuschelten und träumten von dem, was uns nun erwartete. Als die Wellenintensität mehr und mehr zunahm rief er im Krankenhaus an, dass sie uns bald erwarten dürften. Wir riefen auch den Babysitter für unser großes Kind an und ich ging noch in die Wanne. Morgens merkte ich: Es geht los. Wir fuhren mit unserer Lieblingsmusik – laut aufgedreht – in die Klinik.

Im Krankenhaus wurden wir in einen wenig gemütlichen Raum gelegt, um ein CTG aufzunehmen. Wir probierten, uns eine gemütliche Stimmung zu verschaffen, was aber schwer war. Helles Licht und dauernd kam jemand rein, dauerhaftes CTG … Eine Ärztin wollte mir auf Teufel komm raus einen Zugang legen, weil ich positiv auf Streptokokken getestet war. Sie hat es an beiden Händen nicht hinbekommen, zwei Adern sind dabei geplatzt und sie verließ beinahe wortlos den Raum. Toll! Nun taten meine Hände weh und ich hatte trotzdem keinen Zugang. Es fiel mir immer schwerer, mich zu entspannen. Am Vormittag fragte ich meinen Mann, ob wir unser Kind nun hier in diesem Raum bekommen sollen? Er stand auf und verlangte ein Kreißsaal-Zimmer. Eine Hebamme hat uns dann sofort in ein passenderes Zimmer gebracht und ab da konnten wir unser Ding machen.

Ich hab mich von Anfang an in den Vierfüßlerstand aufs Bett gekniet und Anfragen der Hebamme, ob ich mich bitte drehen kann, verneint. Ich habe mich nicht mehr wegbewegt, weil ich diese Position genau richtig fand und wusste: Wenn ich mich drehe, lege, was auch immer, komme ich nicht mehr von allein hoch. Mein Mann war die ganze Zeit an meinem Kopf und hielt meine Hände. Er spielte meine Lieblingsmusik, ich schloss die Augen und »beamte« mich weg. Vor jeder Welle fragte ich ihn, an was ich jetzt denken könnte. Er gab mir Input und ich fokussierte mich neu. Das war wunderbar.

Ich merkte zwar, dass auf einmal einige Leute das Zimmer betraten, aber ich blieb in Gedanken mit Manuel und der Hebamme allein. Ich spürte, wie mein Kind durch meinen Körper in Richtung Scheide rutscht. Und ich habe es vollends zugelassen und mich nicht dagegen gewehrt. Zeitweise bildete ich mir grüne auslaufende Farbe ein. Ein wesentlicher Unterschied übrigens zur ersten Geburt: Ich war mir meiner Sache so sicher.

Eine andere Hebamme oder Ärztin, ich weiß es nicht einmal, mischte sich auf einmal ein, als der Körper des Babys draußen war, aber der Kopf noch in mir. Sie drückte gegen die Gebärmutter, um diese noch mal zu einer Wehe zu animieren. Ich sagte, sie soll aufhören und mich in Ruhe lassen. Ich spürte, wie sie mich eher hinderte und mir ihr hektisches Tun nicht guttat. Die Hebamme, die mich die ganze Zeit begleitet hatte, schickte diese Frau dann auch weg. Das alles passierte natürlich in kurzer Zeit. Es bestand nie eine Gefahr für das Baby. Die nächste Welle kam zeitgerecht, sodass auch das Köpfchen rauskam. Ohne Probleme. Um 10.47 Uhr war unser Kind mit dem Popo voraus geboren.

Das Wissen, dass ich gebäre. Dass mein Körper das kann!

Ich durfte eine total selbstbestimmte, schöne und fast schmerzfreie Geburt erleben. Es war so schön, dass die mich begleitende Hebamme trotz Coronazeiten mit Tränen in den Augen umarmte und sich für diese schöne Geburt bedankte.

Die Geburt von unserer Tochter ist mit Abstand das schönste Erlebnis meines Lebens. Ich hätte danach direkt noch ein Kind bekommen können. Das Wissen, dass *ich* gebäre. Dass mein Körper das kann! Und ich nicht entbinden gehe und andere Leute mein Kind zur Welt bringen.

Marlene kam übrigens mit dem Lied »Running« von Milky Chance auf die Welt. Mir kommen seither jedes Mal die Tränen dabei. Ich hoffe, dass sich Hypno-Birthing durchsetzt und auch die Krankenkassen diesen wertvollen Weg langsam verstehen.

Katrin
Annehmen, loslassen und gebären

Katrin erzählt – indem sie ihr Kind direkt anspricht – von dessen Spontangeburt in Beckenendlage nach Terminüberschreitung. Es war eine selbstbestimmte und vollkommen interventionsfreie Klinikgeburt.

Meine liebste Miray, ich sitze an unserem Wohnzimmertisch, neben mir liegt ein Stück deiner Nabelschnur, die Kerze, die während deiner Geburt brannte und ein Foto. Heute bist du schon ein richtig großes Mädchen, das in den Kindergarten geht. Und ich möchte die Zeit nutzen, um deine, unsere Geburtsreise aufzuschreiben.

Von Anbeginn an waren Moe und ich uns darüber einig, dass wir dich gern zu Hause willkommen heißen wollen. Wir planten eine Hausgeburt und bereiteten uns mit HypnoBirthing darauf vor. Es war eine wunderschöne Zeit der Vorfreude und der Vorbereitung. Alles lief »nach unserem Plan«. Eine Hausgeburtshebamme war gefunden, das Wohnzimmer perfekt gerichtet, die Statik für den Gebärpool geprüft, die romantische Vorstellung groß. In der 34. SSW hast du dich gedreht und kamst mit dem Popo nach unten zu liegen. Ich machte die indische Brücke, die Eisbärin, ich hörte Hypnosen, die Hebamme moxte, wir redeten mit dir, beleuchteten mit der Taschenlampe den Weg nach unten, klingelten mit einem Glöckchen …

Keine Bewegung … Du bliebst in Beckenendlage. Und dann kam der erlösende Satz, den ich vorher bei den Affirmationen nie hören wollte: »Ich bin einverstanden mit jeder Wendung, die die Geburt nehmen mag.« Da war sie, die Leichtigkeit in der Annahme. Wir verabschiedeten uns von einer Hausgeburt und machten uns auf die Suche nach einem Krankenhaus, in dem ich mit Beckenendlage spontan gebären »durfte«.

In dieser Phase stand uns die mentale Vorbereitung mit HypnoBirthing so hilfreich zur Seite. Gelernt und vor allem verinnerlicht zu haben, dass es wichtig ist, das Gewünschte zu visualisieren (sprich die »Traumgeburt«) und gleichzeitig mit der Annahme im Handshake zu verbinden, ist meiner Meinung nach eines der wichtigsten Tools. Ansonsten wären wir in diesem Moment handlungsunfähig gewesen.

Mit neuer Zuversicht gingen wir weiter. Der errechnete Termine im Mutterpass verstrich. Wir blieben ruhig, da wir ja wussten, dass sich die meisten Kinder nicht danach richten und dann kommen, wenn ihr Körper so weit ist. Weiterhin vertrauen und loslassen. Doch dann sollte ich jeden Tag zum CTG kommen – zur Kontrolle. Das stresste mich und ich entschied: Jeder zweite Tag reicht auch. Auch hier konnte ich gut das anwenden, was mir durch HypnoBirthing begegnet war: Die eine richtige Lösung, den einen richtigen Weg gibt es nicht. Es ist der Weg richtig, der dieser Familie Ruhe und Gelassenheit schenkt.

Nach einer Woche kam ich vom CTG nach Hause, in der Tasche einen Termin für eine Bauchgeburt. Der Arzt meinte, länger als eine Woche würde er bei einer BEL nicht warten – zur Sicherheit für Mutter und Kind. Während dieses Gespräches war ich nicht mehr im Spüren. Da war Angst. Zu Hause sprachen Moe und ich. Wir konnten die Angst der Ärzte sehen. Am nächsten Tag unterschrieben wir, dass wir auf eigene Verantwortung warten. Somit konnten alle Beteiligten in der Ruhe bleiben.

Nach zehn Tagen merkte ich, dass wir als Familie bald an eine mentale Grenze kommen würden. Abends schon stellen wir fest, dass wir nicht länger als 14 Tage warten wollen – das fühlte sich für uns nicht mehr stimmig an.

Ich erinnerte mich an den Satz aus dem HypnoBirthing-Kurs: »Nimm das Kind mit in die Verantwortung – ihr seid eine Familie.« Ich ging mit dir, liebe Miray, spazieren und wir unterhielten uns, besser gesagt, ich sprach: »Liebe Tochter, gern will ich dich auf natürlichem Weg zur Welt bringen, allerdings sind auch wir mental sehr gefordert und länger als ET+14 können und wollen wir nicht warten. Das heißt: Wenn du spontan geboren werden möchtest, dann musst du dich jetzt auf den Weg machen. Ansonsten gehen wir mit dir den Weg der Bauchgeburt. Auch das ist in Ordnung.«

Ansonsten gehen wir mit dir den Weg der Bauchgeburt. Auch das ist in Ordnung.

Rückblickend würde ich sagen, dass der Satz »Auch das ist in Ordnung« der Türöffner war. Ich erinnere mich an den Satz der HypnoBirthing-Kursleiterin: »Geburt hat auch immer *ganz* viel mit dir selbst zu tun.« Heute unterschreibe ich das mit voller Überzeugung.

Die ersten Wellen begannen dann an einem Abend. Ich schickte Moe ins Bett und wanderte im Wohnzimmer auf und ab. Ich fand wenig Ruhe – Wellen, Aufregung. Ich schaltete einen Rosamunde-Pilcher-Film ein und bewegte mich auf meinem Gymnastikball hin und her. Das war sehr angenehm. Diese Zeit, im dunklen Wohnzimmer, mit der brennenden Geburtskerze, du und ich in Verbindung und Vorfreude – das spüre ich noch heute in meinem Herzen. Bei stärkeren Wellen atmete ich tief ein und aus. »Jede Welle bringt mir mein Kind näher.« Ein schöner Gedanke, der mich immer weiter trug und mich ermutigte, die Wellen einzuladen.

Frühmorgens weckte ich Moe und nach einer kurzen Familienkuschelzeit der Vorfreude und zwei Kaffees später saßen wir im Auto auf dem Weg zur Klinik. Im Auto war eine fast heilige Stimmung. Das Wissen, dass wir zu zweit hinfahren und zu dritt nach Hause fahren würden, berührte uns sehr. Die meiste Zeit waren wir still, hielten uns immer wieder an der Hand und im CD-Spieler lief das buddhistische Mantra der weißen Tara.

In der Klinik blieben die Wellen erst mal aus. Wir baten die Hebamme um Zeit vor der ersten Untersuchung. Wir kuschelten und Moe streichelte meinen Bauch. Nach und nach kamen die Wellen wieder. Der Muttermund öffnete sich weiter. Eine Hebamme schlug die Badewanne vor. Ich war voller Vorfreude – ich liebe baden! Doch das Wasser fühlte sich kalt an. Die Wellen kamen immer stärker, in kürzeren Abständen, und sehr herausfordernd war für mich, dass ich mich ständig übergab. Nichts von rosaroten Schäfchen und Engeln, die singen. Nichts von Romantik. »Geburt ist ein körperlicher Prozess, kein kitschiger Liebesfilm.« Der Satz fiel mir immer wieder ein.

Ich dachte, ich lasse mich die ganze Zeit massieren, was ich so sehr liebe. Aber auch hier Fehlanzeige. Moe hätte mich mit all ihrer Liebe massiert, aber Berührung ging überhaupt nicht.

Wir gingen unseren Weg weiter, Stück für Stück, Stunde um Stunde. Gut, dass

Moe die Uhr umgedreht hatte – so waren wir wirklich frei von einem Zeitkonzept. Welle um Welle, wirklich starke körperliche Empfindungen, mit nichts zu vergleichen. Oft auch überwältigend. Das Tönen stand mir immer hilfreich zur Seite. Für mich der beste Weg, um mit diesen Empfindungen umzugehen. Und immer wieder das Wechseln der Position. An dem Punkt, als ich rief: »PDA!«, stand mir meine Frau hilfreich zur Seite. Sie ermutigte mich, dass ich es schaffe und dass ich mir ein Krafttier herbeibitten könne, das mich unterstützt.

Im Rückblick ist es so passend! In meinem Rücken erschien eine große starke weiße Löwin, die mich durch die Erschöpfung trug. Nichts ist so sicher wie die Veränderung. Im nächsten Moment war ich wieder in meiner Kraft und wir gingen den Weg weiter. Meine mentale Vorbereitung trug mich sicher durch unsere Geburtsreise. Das verkörperte Wissen, dass Geburt ein lebenserhaltender und kein lebensbedrohlicher Prozess ist, half mir, die Wellen nicht als Bedrohung, sondern als Faszination zu sehen. Jedenfalls in den meisten Momenten. Es gab auch die Momente der Müdigkeit, des Nicht-mehr-Wollens, des unaufhörlichen Übergebens – und aufgrund meiner Ausrichtung und auch unseres Geburtsteams ging es immer weiter. Gut weiter.

> Meine mentale Vorbereitung trug mich sicher durch unsere Geburtsreise.

Die Austreibungsphase war für mich die intensivste und faszinierendste Phase. Ich war ganz bei mir und wir hatten einen grandiosen Arzt an unserer Seite, für den eine Beckenendlage nichts Besonderes darstellte. »Hauptsache, das Kind liegt nicht quer. Senkrecht geht alles.« Die Wellen waren kraftvoll, stark, mitreißend. Ich tönte, weil ich dachte, so besser mit ihnen umgehen zu können. Der Arzt sagte irgendwann: »Jetzt nicht mehr tönen, da geht die Energie weg, die brauchen wir jetzt da unten. Energie nach unten lenken.« Ich wartete, bis die Welle kam, und auf dem Peak sollte ich ihm auf die Hand klopfen, damit er wusste, wann ich schieben würde. Ich nahm die Energie dieses Peaks, den ich in meinem Kopf spürte, und schickte diese Kraft wie ein J nach unten durch meinen Körper. Es war berauschend.

Diese Phase deiner Geburt hat mich in all ihrer Körperlichkeit erfasst und gefasst. Auch rückblickend spüre ich die Faszination dieses Miteinanders zwischen dir und mir immer noch am gesamten Körper. Es gab Momente, da konnte ich Körper und Geist im Zusammen-, aber auch im Gegenspiel miteinander beobachten … und definitiv sagen: Unser Geist ist so stark und allumfassend. Ich konnte wirklich beobachten, wie mein Körper einfach »arbeitet«, Welle um Welle. Er kam immer dann ins Stocken, wenn mein Kopf meinte, er brauche dringend eine längere Wellen- und Erholungspause. Ich spürte es, dass es »nur« mein Denken war und dass es für den Körper nicht um eine Pause ging. Weiter gehen konnte ich schließlich mit der Hingabe an das, was geschieht, und dem Loslassen. Rückblickend brachte mich deine Geburt auch an meine Lebensthemen: Hingabe, Loslassen und vor allem mein Lernen, die Dinge so anzunehmen, wie sie sind, ohne zu bewerten und ohne etwas ändern zu wollen.

Zwölf Tage nach dem errechneten Termin kamst du spontan in Beckenendlage in all deiner Schönheit und Kraft zur Welt. Meine wunderschöne starke Tochter, ich danke dir. Die Geburtsreise mit dir ist eines meiner großen Lebensgeschenke. Ich liebe dich aus tiefstem Herzen. Schön, dass es dich gibt und du durch mich gekommen bist. Und wie sagt man doch so schön: »So wie man geboren wird, so lebt man sein Leben.«

Mittlerweile bin ich selbst HypnoBirthing-Kursleiterin und aus meiner heutigen Sicht ist es rückblickend gut, dass ich nicht die rosarote Traumgeburt zu Hause hatte, denn meine Erfahrungen prägen und gestalten meine Kurse. Als Kursleiterin sehe ich an meinem eigenen Geburtsbericht und auch aus den Erfahrungen der letzten sechs Jahre mit den Teilnehmerinnen, wie wichtig es ist, sich selbst, den Körper wie auch den Geist auf die Geburt vorzubereiten. Geburt ist definitiv nicht planbar, aber den Weg und die Vorbereitung kann man bewusst wählen, beschreiten und vor allem mitgestalten. Es braucht das Zusammenspiel, um Leben zuversichtlich und bejahend zu gebären. HypnoBirthing 2.0 ist kein Ergebnis, kein starres Konzept, an dem am Ende eine romantische Erfahrung stehen muss – es ist ein Weg, der einlädt, ihn bewusst zu gehen, und an dessen Ende die Geburt eines Kindes steht.

Elisabeth

Ich konnte auch diese Geburt in vollen Zügen genießen

Elisabeth erzählt von der Geburt ihres dritten Kindes. Bei dieser Hausgeburt erfolgte eine gelungene äußere Wendung wegen der Beckenendlage des Babys.

Ende der 37. Schwangerschaftswoche kam meine Hebamme zur routinemäßigen Kontrolle zu mir nach Hause. Mit hoher Wahrscheinlichkeit, so befand sie, sei das Kind in Beckenendlage und ich sollte zur Ultraschall-Lagekontrolle am nächsten Morgen. Ich war total vor den Kopf gestoßen. Damit hatte ich nicht gerechnet und es stresste mich sehr. Ich wusste, dass ich mit BEL zu Hause nicht gebären durfte, was doch aber mein Wunsch war.

Die Untersuchung ergab, dass sich das Kind in der Nacht gedreht hatte. Was für eine Erleichterung! Doch zwei Wochen später die gleiche Situation. Und diesmal zeigte auch der Ultraschall: BEL. Diesmal wirklich. Wir alle – ich, mein Mann und die Hebamme – waren uns aber einig, dass wir weiterhin zuversichtlich bleiben wollen, dass sich das Kind noch dreht. Diese zuversichtliche Haltung gelang mir mal ganz gut und im nächsten Moment wieder überhaupt nicht. Ich musste loslassen und vertrauen, dass alles auch im Falle einer BEL-Geburt gut wird, und gleichzeitig wollte ich weiterhin an der Hausgeburt festhalten und daran glauben, dass unser Heim für mich und meine Familie der beste Geburtsort wäre. Schließlich beschloss ich, dass ich mich auf einen äußeren Wendungsversuch bei einem Gynäkologen einlasse, der dies anbot.

> Ich nahm die Verbindung zu meinem Kind immer und immer wieder auf und redete mit ihm.

Ich bat Freunde, uns mit Gebeten zu unterstützen. Und ich nahm die Verbindung zu meinem Kind immer und immer wieder auf und redete mit ihm. Ich lud es ein, sich mit dem Köpfchen in mein weites, weiches und einladendes Becken zu kuscheln. Und ich sagte ihm, wie sehr ich mich freute, es endlich kennenzulernen. Ich streichelte es durch meinen Bauch hindurch und zeigte ihm den Weg mit dem Köpfchen nach unten. Zudem hörte ich immer wieder die Trance »Der Dreh«. Eines Abends hörten mein Mann und ich gemeinsam diese Trance. Er massierte währenddessen sanft meinen Bauch und tatsächlich hatte sich das Kind daraufhin um ein Viertel gedreht. Wir spürten beide, dass es willig war. Trotzdem schlichen sich auch immer wieder Zweifel ein.

Unser fünfjähriger Sohn führte seinem kleinen Geschwisterchen im Bauch jeden Tag den Purzelbaum vor und lud es ein, es ihm gleichzutun und noch ein letztes Mal im Bauch den Purzelbaum zu schlagen.

Am Tag der äußeren Wendung trafen wir den BEL-Spezialisten. Er fand, dass die äußeren Rahmenbedingungen für einen Wendungsversuch optimal seien. Seine Erfolgsquote für die äußere Wendung lag bei 30 Prozent. Gleichzeitig teilte er uns mit, dass er niemals auf Biegen und Brechen ein Kind wenden würde und Zurückhaltung übe, wenn er merke, dass sich das Kind nicht auf eine Wendung einließ und gestresst reagierte, weil er davon überzeugt sei, dass ich so wie die meisten Frauen eine vaginale Steißgeburt meistern würde.

Wir waren tief beeindruckt von diesem respektvollen Arzt. Es fiel uns leicht, ihm und seiner Fachkompetenz zu vertrauen. Und ich wusste auch, dass ich vorbehaltlos mit ihm gebären würde, falls die Wendung nicht klappen sollte. Ich wurde für den unwahrscheinlichen Fall einer notfallmäßigen Sectio vorbereitet. Aber es beeindruckte mich nicht und ich konnte das ganze medizinische Drumherum total ausblenden. Da ich selbst Krankenschwester bin, war es für mich nichts Neues. Die äußere Wendung war für 13.30 Uhr geplant. In der Stunde davor konnten wir uns ungestört vorbereiten. Ich hatte meinen Duftstein, meine Entspannungs- und Geburtsmusik dabei. Es war unglaublich friedlich und schön.

Die Prozedur startete und als Erstes massierte der Gynäkologe unser Kind in die uns schon bekannte Vierteldrehung. Ich entspannte mich mit der Ruheatmung und hielt meine Augen die ganze Zeit geschlossen, so konnte ich mich voll fokussieren. Als er den Steiß des Babys aus meinem Becken herausschob, intensivierte ich meine Ruheatmung und visualisierte, wie ich mich in der Gebärmutter neben mein Baby legte, sein Köpfchen in meinen Händen hielt und wir uns zusammen tanzend wie zwei Delfine in Richtung Becken bewegten. Ich redete innerlich ständig mit meinem Kind.

Ironischerweise war dieser Tag der äußeren Wendung ein wunderschöner Tag. Nicht nur, weil sie erfolgreich war, sondern auch, weil er die Verbindung zu unserem Kind in einem Maße intensivierte, wie ich es bis dahin nicht erlebt hatte. Auch meinem Mann erging es so. Und wir bekamen einen Tag geschenkt, an dem wir als Paar innige und vertraute Stunden verbringen konnten.

Ich hatte mich schon lange nicht mehr so liebevoll getragen gefühlt wie an diesem Tag. So viele Menschen haben an uns gedacht und gebetet. Endlich stand einer Hausgeburt nichts mehr im Weg. Ich verbrachte danach noch schöne Stunden mit meinen beiden größeren Kindern und spürte innerlich, dass die Tage der Schwangerschaft gezählt sind.

Als es dann endlich so weit war, schob sich unser Kind schließlich in einem mega Eiltempo in Richtung Welt und ich tönte laut mit. Ehe ich es richtig realisierte, war das Köpfchen schon geboren. Noch eine letzte Welle und ein kräftiges Mitschieben und so kam unser drittes Kind zur Welt. Unglaublich, dieses Gefühl, diese Dankbarkeit und Erleichterung. Tränen liefen uns über die Wangen, unser Kind war putzmunter mit dem ersten Schrei zur Welt gekommen. Herzlich willkommen!

Susanne

Die Geburt unserer Zwillingsmädchen war ein sehr sportliches Ereignis

Susanne gebar selbstbestimmt ihre Zwillinge nach IVF in der Klinik.

Wir benötigten von der ersten Geburtswelle bis zur Geburt unserer zweiten Maus genau zweieinhalb Stunden. Kurz und knackig! Bei dieser schnellen Geburt wurde ich von der Intensität und den kurzen Abständen der Wellen dermaßen überrascht, dass ich die Atemtechniken leider nur teilweise anwenden konnte. Eigentlich war ich außerstande, überhaupt irgendetwas zu lenken. Allerdings hatten wir die Langsame Atmung im Kurs und auch zu Hause gut geübt, sodass sie fast automatisch funktionierte. Zwischen den Wellen saß auch die Schlafatmung ziemlich gut, sodass ich mich trotz der kurzen Abstände gut erholen und neue Kraft schöpfen konnte. Die Geburtsatmung (J-Atmung), klappte aber gar nicht, da mein Körper in diesen Momenten tat, was wohl getan werden musste, und ich nicht in der Lage war einzugreifen.

Dass diese Geburt überhaupt so stattfinden und ich unsere Zwillinge erst zwei Tage vor dem errechneten Termin zur Welt bringen konnte, verdanken wir der Aufklärung und dem Mutmachen im HypnoBirthing-Kurs. Ab Woche 38 versuchten uns die Ärzte bei unseren zweitägigen CTG-Überwachungen davon zu überzeugen, dass es sicherer wäre, die Geburt einzuleiten – Zwillinge kämen schließlich in der Regel früher. Da CTG und Ultraschall aber absolut unbedenklich waren und ich mich gut fühlte, schoben wir die Entscheidung immer wieder um zwei Tage auf und dann wieder um zwei Tage und so weiter. Erst zwei Wochen später, drei Tage vor dem errechneten Termin, hatte ich keine Lust mehr, da mir das Gewicht und das heiße Wetter doch zusetzten. Also gingen wir ins Krankenhaus und ließen einleiten.

Auch dass diese Geburt eine natürliche Geburt war, verdanken wir der positiven Einstellung, die uns diesem Ereignis gegenüber im Kurs vermittelt wurde. Mit Zwillingen wird man immer wieder gefragt, ob wirklich eine natürliche Geburt gewünscht sei. Da das führende Kind in Schädellage und das zweite in Steißlage lag, waren die Voraussetzungen aber optimal und so ließen wir uns nicht verunsichern. Diese Geburt wurde für uns zu diesem wunderschönen Ereignis, da wir sie mit viel Selbstvertrauen in uns und in meinen Körper angehen konnten. Und auch die Ärzte und Hebamme waren schließlich ergriffen und begeistert.

Aus meiner Praxis
Nichts ist unmöglich, wo ein Wille ist

Zu Beginn meines HypnoBirthing-Weges vor circa dreizehn Jahren erhielt ich eine Mail von einer jungen Frau, die in Mannheim in der Uniklinik lag. Ihre Zwillinge versuchten sich bereits seit der 26. Schwangerschaftswoche auf den Weg zu machen, was bisher durch Liegen und Medikamente verhindert werden konnte. Aber es wurde wohl immer schwieriger.

Die junge Frau, Anfang zwanzig, war ein knappes Jahr zuvor wegen eines Studiums aus Südafrika nach Mannheim gekommen. Von ihrem verheirateten Tutor schwanger geworden, der von den Kindern aber nichts wissen wollte, lag sie hier, in einem deutschen Krankenhaus, völlig allein. Aus einer streng religiösen Familie stammend, konnte sie von dieser auch keinerlei Unterstützung erwarten. Wie auch sonst von niemandem, wie sie mir später erzählte. Hinzu kam, dass sie nur Englisch sprach. Alles in allem denkbar ungünstige Umstände. Die Ärztin der Station hatte sie an eine Psychologin verwiesen. Wie diese dann auf mich gekommen ist, bleibt mir ein Rätsel, denn unser Internetauftritt mit HypnoBirthing steckte noch in den Kinderschuhen.

Es war eine sehr merkwürdige Situation. Keine kannte keine, und dennoch hatte ich das Gefühl, für diese Babys in den Dienst genommen zu werden. Ich hätte die Frau nicht hängen lassen können, obwohl zwischen meinem Wohnort und der Klinik circa 100 Kilometer liegen und ich keine Ahnung hatte, was ich mit ihr tun sollte, hatte ich doch gerade erst mit HypnoBirthing begonnen. Ein regulärer Kurs oder dergleichen kam für sie aufgrund der Situation nicht infrage.

Aber ich wusste, was in uns steckt, vor allem, wenn es um unsere Kinder geht, und ich hatte meine Erfahrungen aus über dreißig Jahren Begleitung und Arbeit mit Frauen. All dem vertraute ich vollkommen.

Ich fand – dadurch, dass ich in den USA zertifiziert war – mithilfe der amerikanischen HypnoBirthing-Community ein »Baby stay in«-Hypnose-Skript. Das überarbeitete ich, passte es für diese Mama und die Zwillinge an und fuhr damit nach Mannheim in die Klinik. Wir bekamen ein ruhiges Zimmer, in dem wir ungestört sein konnten, und ich blieb etwa drei Stunden. Nicht mehr. Wir sprachen viel miteinander, ich baute die Frau auf, so gut es ging, und wertschätze sie für ihren Mut, sich trotz der desolaten Lage für ihre Babys entschieden zu haben, bestärkte sie in ihrem Durchhaltevermögen und am Schluss machten wir eine Hypnose. Wieder daheim nahm ich die Worte auf und schickte ihr die Aufnahme, damit sie sie so oft hören konnte, wie sie wollte. Die Babys sind tatsächlich bis zur 38. Schwangerschaftswoche im Mutterleib geblieben. Es hatte sich gelohnt.

VORBEREITUNG NUR MIT EINEM HYPNOBIRTHING-BUCH? JA, AUCH DAS IST MÖGLICH

In fast allen Geburtsgeschichten hier haben die Frauen praktische Erfahrungen in einem HypnoBirthing-Kurs gesammelt. Genau das lege ich jeder Schwangeren auch sehr ans Herz. Was aber, wenn du keinen Kurs besuchen kannst oder willst? Ist es möglich, sich nur mithilfe eines Buches auf die Geburt vorzubereiten?

Ich antworte mit: Im Prinzip ja. Es hängt jedoch von einigen Faktoren ab. Manche Frauen können es wundervoll, andere weniger gut. »Im Prinzip ja« heißt, dass die richtige Anwendung der Übungen und das tiefe Verständnis des Konzeptes davon abhängen, was die jeweilige Leserin körperlich, geistig und emotional mitbringt. Wie sind Stimmung, Entspannungsfähigkeit, Kontakt zum Körperempfinden, wie groß oder klein sind Ängste? Wie gut ist sie sonst eingebettet in eine gute Begleitung? Was sind ihre Vorerfahrungen? Und so weiter. Im Kapitel »Angst fällt nicht vom Himmel« sind einige Einflussfaktoren beschrieben. Die Gedanken und Vorschläge, die Übungen und Sichtweisen, die ein Buch, insbesondere *Mama werden mit HypnoBirthing* anbietet, sind wie eine geistige Saat. Und je nachdem, wie der Boden beschaffen ist, auf den diese Saat fällt, kann sie reifen oder eher nicht.

Es gibt viele Frauen, die nur mit dem Buch erfolgreich sind, aber viele sind es auch nicht, weil sie sich selbst falsch einschätzen. Ob eine Vorbereitung ohne Kurs möglich oder sinnvoll ist und ob die Leserin nur mit Buch zu der Erfahrung kommt, zu der sie kommen will, kann ich nicht sagen.

Grundsätzlich empfehle ich immer, zu unseren Kursleiterinnen zu gehen, sich mit ihnen zu beraten und bestenfalls bei ihnen einen Präsenzkurs zu besuchen. Sobald man das getan hat, versteht man das Warum dahinter. Dennoch weiß ich, dass das manchmal nicht geht. Deswegen ist *Mama werden mit HypnoBirthing* so geschrieben, dass Übungen und Hypnosen so einfach wie möglich gehalten und daher auch allein anwendbar sind.

Dennoch möchte ich betonen: Ein Buch kann eine reale, physische Begegnung von Mensch zu Mensch nie ersetzen. Und gerade in der Schwangerschaft ist es für uns so wichtig, eine Ansprechpartnerin zu haben, mit der wir Ängste und Unsicherheiten besprechen können. Jemanden, der uns wieder Mut zuspricht, wenn die innere Angsthäsin sich zu dick gemacht hat oder das medizinische Risikodenken die Zuversicht raubt.

Im Kurs hast du eine einfühlsame und kompetente Kursleiterin, die sich auf deine (oder eure, wenn du mit Partner oder Partnerin kommst) individuellen Bedürfnisse einstellt. Fragen werden geklärt, die Begleitung stärkt dich und euch als Paar. Bei den Übungen – allen voran die Atemübungen – kannst du wenn nötig korrigiert werden. So entsteht durch gemeinsames Üben, Erfahren und den Austausch ein richtiges Kraftfeld, an das du dich immer wieder ankoppeln kannst, auch während der Geburt.

Doch auch wenn ich immer einen Kurs empfehlen würde, freuen mich die Zuschriften der Frauen, die sich nur mit dem Buch vorbereitet haben und von einer wundervollen Geburt berichten. Zeigt es doch, was alles in uns steckt, wenn wir uns ganz darauf ausrichten. Der intensive Wunsch, eine gute Geburt zu erfahren, und das instinktive Wissen, diese Herausforderung meistern zu können, sind so machtvoll, dass es mancher Frau dann auch genügt, sich nur mit Hilfe eines Buches vorzubereiten. Besonders wenn der Inhalt ihr Herz öffnet, ihr Mut macht und sie Übungen darin findet, die sie in ihrer Kraft und Kompetenz ansprechen. Ein Buch, das sie stärkt auf ihrem Weg zur Geburt und bestenfalls darüber hinaus. Beispiele für solche Frauen folgen gleich hier in diesem Kapitel.

Warum funktioniert das? Es ist wissenschaftlich erwiesen, dass alles, was wir aufnehmen – bewusst wie unbewusst – Einfluss auf unser Befinden nimmt und sich auf unser Erleben, unsere Gefühle auswirkt. Dieser Effekt verstärkt sich, wenn wir unsere Aufmerksamkeit bewusst darauf lenken und uns auf das Gebotene einlassen. Daher kann die bewusste Auswahl und Lektüre eines Buches, die mentale Beschäftigung gepaart mit der emotionalen Verbindung zum Baby und dem Herzenswunsch, gut für es zu sorgen, in der werdenden Mama bereits selbsthypnotisch eine wirkungsvolle Veränderung bewirken. Diese wird verstärkt, je mehr sie sich auf die Inhalte einlassen kann. Das wiederum hat Auswirkungen auf ihre Gefühle und ihre Ausrichtung auf die Geburt. Je intensiver die Beschäftigung mit dem Thema oder einer Übung ist, desto nachhaltiger ist die Wirkung. Immer gilt: Lesen allein genügt nicht. Der Schlüssel zum Gelingen ist: Tun.

> Lesen allein genügt nicht. Der Schlüssel zum Gelingen ist: Tun.

Simone

Aller guten Dinge sind drei – unverhoffte Traumgeburt

Simones drittes Kind kam interventionsfrei in der Klinik zur Welt, sie hatte keine Geburtsverletzungen.

Dies war meine dritte und letzte Schwangerschaft. Meine großen Söhne sind zehn und acht Jahre alt und so unterschiedlich, wie ihre Geburten waren. Nun, bei meiner dritten Schwangerschaft acht Jahre später, war es mir sehr wichtig, dem Kind seinen Weg zu ebnen und es aus freien Stücken zu uns kommen zu lassen. Ich wollte eine möglichst sanfte und schmerzarme Geburt erleben – und auf der Suche nach Infos stieß ich auf HypnoBirthing. Ich trainierte mit dem zugehörigen Buch, einigen Hypnose-CDs, klassischer Musik und regelmäßigen Zeiteinheiten tagtäglich ab der 25. Schwangerschaftswoche Ich las die Anleitungen zur Selbsthypnose im Buch und führte diese für mich allein aus. Anfangs hatte ich Schwierigkeiten, mich tief zu entspannen, aber mit den Tagen und Wochen fiel es mir immer leichter. Zum Schluss genügte ein kurzer Augenblick, um mich in tiefe Entspannung zu bringen.

Nach vielen Tagen Vorwellen, die aber am Muttermund nichts bewirkten, wachte ich an einem Samstagmorgen mit leichten Wellen auf. Wir brachten die Kinder vorsorglich zur Oma, falls die Untersuchung im Krankenhaus länger dauern sollte, und stellten zur Sicherheit auch die Kliniktasche in den Kofferraum. Die leichten Wellen waren etwas stärker, aber noch nicht schmerzhaft. Als ich gegen Mittag in der Klinik am CTG hing, spürte ich eine starke Welle, die auch im Rücken zog, und stellte für mich fest, dass sie sich ganz anders anfühlte als alle vorhergehenden und ich nun nicht mehr nach Hause fahren würde. Mein Partner holte die Kliniktasche und wir zogen ins Ruhezimmer des Kreißsaales um.

Die Ärztin untersuchte mich gegen 14 Uhr und stellte fest, dass sich am Muttermund noch immer nichts getan hatte. Nach diesem Befund hatte ich genug Ruhe, spazieren zu gehen. Meine Sorge, ein Blasensprung und eine sehr kurz darauffolgende Geburt zu durchleben, verflüchtigte sich. Wir gingen lange spazieren, immer ums Krankenhaus auf allen möglichen Wegen. Gegen späten Nachmittag wurde das Gehen anstrengender, die Wellenpausen kürzer und die Wellen nun deutlich spürbar und schmerzhaft.

Zurück im Ruhezimmer legte ich mich hin und hörte mir die Regenbogen-Entspannung an. Ich passte meine Atmung an die Wellen an, wie ich es gelernt hatte, und spürte die Erleichterung. Die Wellen wurden viel besser erträglich und ich spürte nur noch ihre Kraft. Gegen Abend stellte die Hebamme fest, dass der Muttermund erst zwei Zentimeter aufgegangen war. Das enttäuschte mich doch sehr, hatte ich doch schon seit zwölf Stunden Wellen.

Ich nahm Kontakt zu meinem Baby auf und sagte ihm, dass ich mir zwar eine langsamere Geburt gewünscht hat, aber dass es ganz so lange doch nicht mehr dauern sollte, da meine Kraft am Schwinden sei und ich es endlich in meinen Armen halten wolle. Nach dieser kleinen Zwiesprache wurden die Wellen um einiges stärker. Später ging ich in die Badewanne, da das Kreißsaalzimmer mit der Gebärwanne belegt war. Die Wellen kamen nun in kurzen Abständen und mit einer überwältigenden Kraft. Die Atemtechnik konnte ich nun nicht mehr anwenden, ich hatte nicht genug Luft für die langen Atemzüge. So tönte ich leise und mit der Zeit lauter werdend mit jeder Welle mit. Kurzes Einatmen, tiefes langgezogenes Aaaaaa beim Ausatmen. Meinen Körper entspannte ich nach der erlernten Technik so tief, dass die Wellen sehr gut auszuhalten waren. In den Pausen plauderte ich mit meinem Partner und der Hebammenschülerin und während der Wellen konzentrierte ich mich tief in mich hinein.

> Weil ich so ruhig und entspannt im Wasser lag, brachte ich das Team ganz durcheinander.

Weil ich so ruhig und entspannt im Wasser lag, brachte ich das Team ganz durcheinander. Denn am späten Abend verkündete ich, dass die Wellen nun nach unten schieben und ich der Meinung sei, die Geburt stehe bevor. Emsiges Treiben herrschte nun, denn für eine Geburt war das Bad nicht ausgelegt. Der Muttermund wurde seit drei Stunden nicht mehr kontrolliert, weil die Hebamme durch meine Entspanntheit keine Veranlassung dafür gesehen hatte.

Um 21.56 Uhr war alles bereit – das weiß ich so genau, weil die Hebamme und mein Partner einen Uhrencheck machten, damit bei der Geburt auch die richtige Zeit angezeigt würde. Die nächsten beiden Presswellen drückten noch nicht genug, sodass ich nicht mitschieben konnte. Bei der dritten dann platze die Fruchtblase und ich spürte, wie der Kleine tiefer rutschte. Nun war alles bereit, noch zwei weitere Presswellen – und unser Schatz war da. Ich schaffte es nicht, einfach nur nach unten zu atmen, der Drang mitzupressen war einfach zu groß. Um 22.09 Uhr konnte ich meinen kleinen Ferris in Empfang nehmen.

Nachdem ich im Zimmer auf dem Bett angekommen war, der Kleine nackt auf meinem Bauch lag und die Ärztin mir bestätigt hatte, dass ich keinerlei Verletzungen erlitten hatte, musste ich vor Glück und Erleichterung fast weinen. Es war ein unbeschreiblich schönes Gefühl, dass alles so geklappt hatte, wie ich mir das für meine dritte und letzte Geburt gewünscht hatte.

HypnoBirthing ist eine tolle Sache und ich kann nur jeder werdenden Mutter empfehlen, sich damit zu beschäftigen. Man wird belohnt für die Mühe! In Verbindung mit einer konsequent durchgeführten Dammmassage hat meine gute Vorbereitung dafür gesorgt, dass ich schon zwei Tage nach der Geburt total fit war, ohne Schmerzen gehen und sitzen konnte und ein Geburtserlebnis mitnehmen darf, das nicht nur für mich, sondern auch für die beteiligte Hebamme, die Hebammenschülerin und meinen Partner sanft, harmonisch und unvergesslich war.

Martina
Sensationelles Buch und eine Riesenhilfe bei meiner Geburt!

Martinas drittes Kind kam in der Klinik interventionsfrei und schnell zur Welt.

Erst in meiner vierten Schwangerschaft habe ich von einer Freundin das Buch *Mama werden mit HypnoBirthing* empfohlen bekommen und bin auch erstmals mit dem Thema in Berührung gekommen. Dieses Buch gab mir unzählige hilfreiche Tipps. Aber nicht nur für die Geburt. Auch meine Schwangerschaft konnte ich sehr viel mehr genießen, zum Beispiel traten keine Schlafprobleme auf. Ich war so tiefenentspannt und trat dem bevorstehenden Ereignis so zuversichtlich entgegen, wie ich es vorher nie erlebt habe. Meine bisherigen Geburten waren zwar spontan erfolgt, aber jedes Mal mit Hilfe einer PDA. Diese Geburt hingegen war – ohne jegliche Hilfsmittel oder Interventionen – so was von schnell, sanft und reibungslos, dass das gesamte Ärzteteam und meine Beleghebamme nur noch staunten. So etwas wäre ihnen in ihrer Laufbahn noch nicht untergekommen. Mutter und Kind waren so fit und gut drauf, dass wir nach zwei Stunden schon wieder nach Hause fahren konnten.

Einige Elemente des HypnoBirthing lassen sich auch weiterhin nutzen. »Die große Kraft der kleinen Pause« beispielsweise ist eine neutrale Meditation, die in jeder Lebenslage wohltun kann. Sie allein tut mir so gut und gibt mir neue, ungeahnte Kraft für den manchmal doch recht lebhaften Tag mit vier kleinen Kindern.

Inspirationen für mein Drehbuch

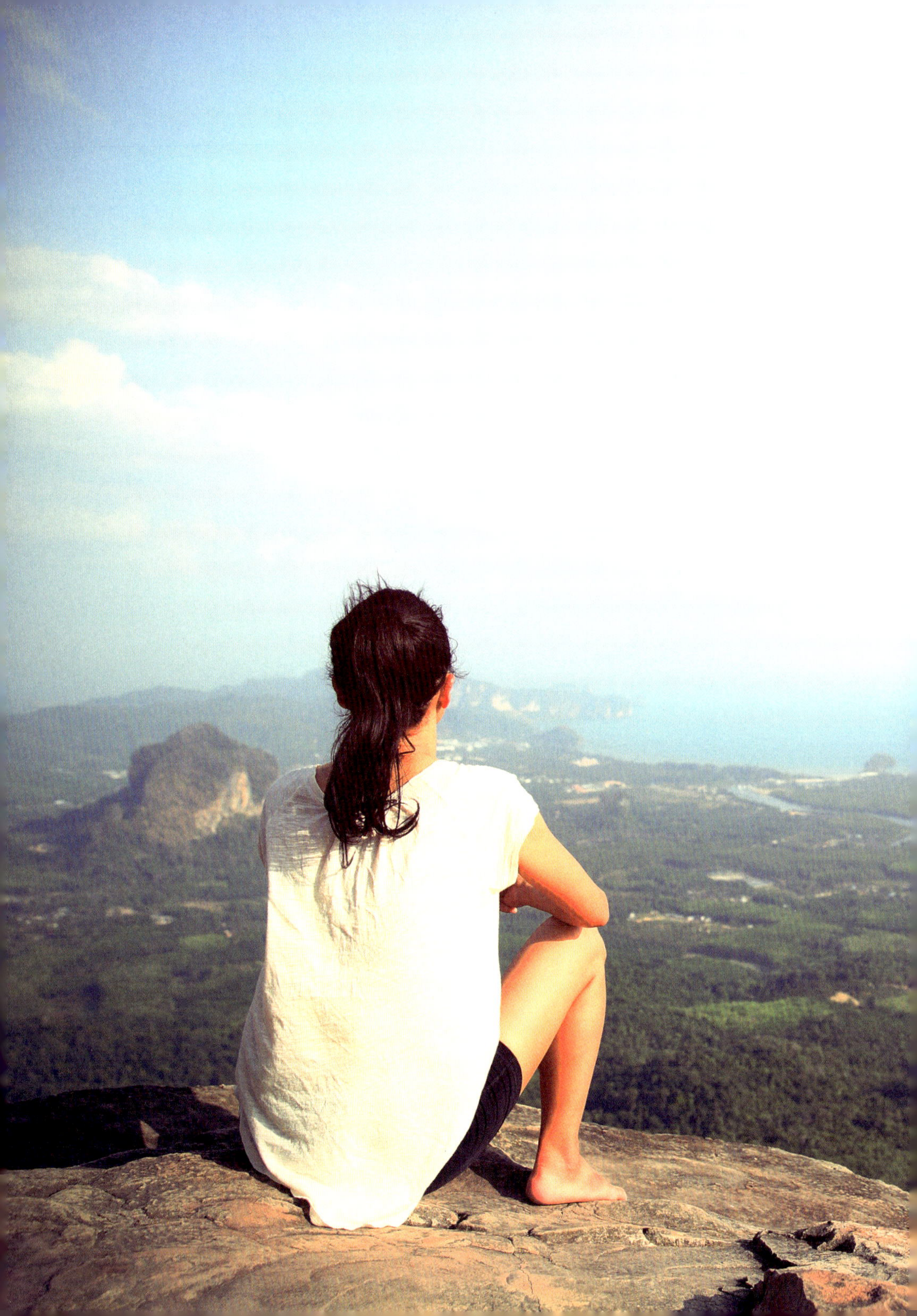

Es atmet der Mensch,

nicht das Zwerchfell,
nicht die Lunge,
nicht der Bauch!
Es atmet der Mensch.

KARLFRIED GRAF DÜRCKHEIM

DEIN ATEM – DER LEBENSWIND DURCH DIE GEBURT

Nicht nur Achtsamkeit, der Umgang mit unserem Denken und das Visualisieren sind wichtige Säulen im HypnoBirthing, sondern auch richtiges Atmen – viele der Geburtsberichte haben dir das sicher schon deutlich gemacht. Atmen ist das Erste, was wir lernen, sobald wir aus dem Mutterleib heraus sind. Der Atem trägt uns durchs Leben und bleibt uns der treuste Freund, bis wir dieses Leben mit unserem letzten Hauch wieder verlassen. Wir kommen also mit ihm und gehen mit ihm und er ist in der Zeit dazwischen immer da. Atmen ist Leben. Wir können einige Zeit ohne Nahrung, Wasser und Licht überleben, jedoch nur wenige Minuten ohne Luft. Und je nachdem, wie wir uns fühlen oder was wir tun, verändern sich Tiefe, Dauer und Intensität unserer Atemzüge. Auch werden über den Atem sage und schreibe circa 70 Prozent aller Abfallstoffe des Körpers entsorgt. Lediglich 20 Prozent über die Haut und nur 10 Prozent über den Verdauungstrakt. Das zeigt auf, wie wichtig die Atmung auch für unser körperliches Wohlbefinden und unsere Gesundheit ist.

DEN ATEM GEZIELT NUTZEN

Atmen ist ein unwillkürlicher Prozess, der vom vegetativen Nervensystem gesteuert wird. Hierzu gehören der Sympathikus für die Aktivierung und der Parasympathikus für die Beruhigung. Allerdings können wir den Atem bewusst beeinflussen, um unser Befinden zu verändern. Das Grundprinzip ist: Einatmen führt zu Aktivierung und Anspannung. Je schneller eingeatmet wird, desto stärker wird der Körper stimuliert. Sind wir unter Stress, atmen wir meist schnell und flach – der Sympathikus ist stärker aktiv. Ausatmen führt zu Entspannung. Je langsamer und länger ausgeatmet wird, desto mehr entspannt sich der gesamte Organismus – der Parasympathikus ist stärker aktiv. Eine verlängerte Ausatmung verlangsamt die Hirnfrequenz, was dazu führt, dass die Neuronen langsamer »feuern«. Sie aktiviert den Parasympathikus, verlangsamt die Herzfrequenz, setzt Endorphine frei. Und man kann besser auf Lösungen orientiert denken.

Beobachten wir unseren Atem, können wir erkennen, wo wir innerlich gerade stehen. Bei Stress oder Schmerzen ist er eher flach und kurz, bei körperlicher Anstrengung oder Angst beschleunigt, bei Schreck setzt er aus, und er verlangsamt und vertieft sich, wenn wir uns entspannen oder schlafen. Umgangssprachlich finden wir das in Redewendungen wieder wie: »Es hat mir vor Schreck den Atem verschlagen«, »Das war atemberaubend schön«, »Der hat aber einen langen Atem«. Je bewusster wir uns dem Atem zuwenden, desto mehr Einfluss können wir auf fast alle unsere Körperprozesse und Stimmungen nehmen. Wir können beschließen, langsamer oder schneller zu atmen, und – das ist für die Geburt immens wichtig – wir können mit Atemlenkung auch Einfluss auf unser Schmerzempfinden nehmen. Das ist das Ziel der speziellen HypnoBirthing-Atemtechniken während der einzelnen Geburtsphasen.

- In der Eröffnungsphase die 4-8er- oder Ruheatmung zur Entspannung zwischen den Wellen, zum Kräftesammeln und zur Vertiefung der natürlichen Trance, die jede Geburt begleitet.
- Die 22er- oder Wellenatmung, um die Wellen zu bestärken und zur bestmöglichen Sauerstoffversorgung für dich und dein Baby, auch sie vertieft die Trance.
- Die spezielle, von Marie Mongan entwickelte J-Atmung in der Geburtsphase, um dein Baby mit hinauszubegleiten.
- Zu guter Letzt die sogenannte Herz-Kohärenz-Atmung des HeartMath-Institute für die Geburtsbegleitung, damit sie dir ausgeglichen und präsent in jeder Situation zur Seite stehen kann.

Oftmals hören wir in unseren Kursen: »Ach, üben brauch ich nicht, das wird schon.« Das kann sich aber als Trugschluss erweisen, denn meist ist es ohne Üben unwahrscheinlich, dass die Anwendung einer kurz vorher erlernten Atemtechnik unter den Herausforderungen einer Geburt einfach so läuft. Unter der Geburt sind wir in einer völlig anderen psychischen, mentalen und körperlichen Situation. Der natürliche Trancezustand während dieser Zeit und das Auf und Ab der Wellen bringen einen ganz eigenen, speziellen Rhythmus mit sich, den wir uns vorher nicht erdenken können. Aber wenn wir uns auf dieses unbekannte Erleben einlassen und mit den Wellen atmen, können wir sie eben durch die Atmung entweder intensivieren, uns von ihnen tragen lassen und die Geburt damit vorantreiben oder ihr natürliches Auf- und Abflauen durch falsches Atmen behindern und die Schmerzerfahrung verstärken. In welche Richtung es für uns geht, hängt auch damit zusammen, welches Grundatemmuster wir haben, und ob – beziehungsweise wie sehr – wir Wellen förderndes, die Geburt voranbringendes Atmen geübt haben.

Kinder atmen noch ganz natürlich in den Bauch. Im Laufe unseres Lebens jedoch entwickelt jeder Mensch sein ganz individuelles Atemmuster, seine persönlichen Atemgewohnheiten. Leider eignen wir uns im Laufe der Jahre eher ungünstige, oftmals krankhafte Atemmuster an: zum Beispiel die Hochatmung, zu flache Atmung, gepresste oder stotternde Atmung. Diese haben wir durch Schönheitsideale, Fehlhaltungen (wie eingezogener Bauch oder hohe Schuhe), Dauerstress, Anspannung (innere wie äußere), Leistungsdruck, Blockaden, Erkrankungen, Operationen oder auch seelische Belastungen hervorgerufen. Der Körper erhält so leider nur einen Bruchteil der Energie und inneren Bewegung, die ihm guttun würden. Aber genau die brauchen wir für die Geburt.

Mir ist im Laufe meiner Arbeitsjahre aufgefallen, dass Stress bei Frauen deutlich zugenommen hat. Allem voran die Überall-und-dauernde-Erreichbarkeit und die völlige Technisierung des Alltags. Medien, Internet, Smartphone und so weiter erzeugen Dauerimpulse und Dauerfeuer im Gehirn. Hinzu kommen Leistungsanforderungen von außen, aber auch Leistungs- und Perfektionsansprüche an sich selbst, dazu ein enormes Risikodenken im Umfeld. All das spiegelt sich auch in der Art zu atmen wieder, was sich wiederum auf die Schwangerschaft und schlussendlich die Geburt auswirkt. Dabei ist auch noch zu bedenken, dass das Gehirn der größte Energiefresser im Körper ist und sich jeder mentale Stress – sei er bewusst oder unbewusst – direkt und unmittelbar auf die Atmung auswirkt.

Insbesondere im letzten Schwangerschaftsdrittel kann ohnehin ein Gefühl von Kurzatmigkeit entstehen, weil die wachsende Gebärmutter das Zwerchfell hoch in die Bauchhöhle schiebt und dadurch die Lungen einengt. Das kann Widerstand gegen die Vorstellung, sich aktiv ein neues Atemmuster anzueignen, hervorrufen. Verstärkt wird das noch, wenn die Zwerchfellmuskulatur zusätzlich verspannt ist – bedingt durch einen stressigen Alltag und/oder eine falsche Körperhaltung.

Die hier im Buch versammelten Geburtsberichte zeigen, wie sehr eine geübte Atemtechnik den Unterschied machen kann. Leider scheint den Schwangeren immer schwerer zu fallen, die notwendige Zeit fürs Üben aufzubringen. Aber ohne Üben kein Erfolg, und je früher mit dem Üben begonnen wird, desto nachhaltiger ist die Verankerung im Körpersystem als »reflexhafte« Antworten. Dann kann die geübte Atmung während der Geburt einfach »ablaufen«. Wenn nicht, aktiviert sich immer das alte, gewohnte (Stress-)Atemmuster. Ich kann dir also nur ans Herz legen, mit einem HypnoBirthing-Kurs oder dem Buch *Mama werden mit HypnoBirthing* die gezielt wirksamen Atemtechniken zu erlernen und während der Schwangerschaft zu üben.

Antje ♥
So viel Hilfe von der 22er-Atmung

Antje berichtet von der schmerzfreien Wassergeburt ihres zweiten Kindes.

Bei der Geburt meiner zweiten Tochter habe ich selbst festgestellt, wie wichtig es ist, nicht von ET zu sprechen, sondern von Geburtszeitraum. Meine Kleine hat sich nämlich Zeit gelassen und wollte lieber noch etwas länger im Bauch bleiben.

Und obwohl ich weiß, wie unwahrscheinlich es ist, dass die Kinder zum ET kommen (meine erste Tochter kam zehn Tage vorher), wurde auch ich von der Ungeduld gepackt, als dieser verstrichen war. Das war der erste Moment, in dem mir meine HypnoBirthing-Techniken geholfen haben. Ich habe die Ruheatmung genutzt und mich mithilfe der Visualisierungen mit meiner Tochter verbunden und dadurch ganz viel Vertrauen entstehen lassen. Auch der Handshake ist genau das Richtige für diese Zeit, in der vor allem von außen immer wieder nachgefragt wird und Anspannung entsteht.

Doch dann ging es tatsächlich los. Ich wurde in den frühen Morgenstunden wach und konnte nicht mehr im Bett bleiben. Es war eine Mischung aus äußerer Unruhe und innerer Ruhe. Ich brauchte Bewegung und war gleichzeitig total nach innen gekehrt. Und so habe ich mich beckenkreisend und auf einem Pezziball hüpfend intensiv mit meinem Baby verbunden und mit ihm den Sonnenaufgang genossen. Diese Stunden waren unglaublich schön.

Da ich über dem ET war, musste ich alle zwei Tage zur Frauenärztin, so auch an diesem Morgen. Dort war sehr schnell klar, dass die Wellen begonnen haben und wir uns auf den Weg ins Krankenhaus machen konnten. Die gesamte Zeit war ich ganz in mich gekehrt und wollte auch nicht mehr reden. Ich war bereits in einer Art Trance, die auf ganz natürliche Weise entstanden ist. Meinem Mann habe ich kurz mitgeteilt, dass ich nicht reden möchte und er hat daraufhin alles für mich übernommen.

Im Krankenhaus hatte ich das Glück, von meiner Vor- und Nachsorgehebamme in Empfang genommen zu werden. Sie war bis zum Schluss die Einzige, die mich einmal am Anfang untersucht hat. Danach hat mich niemand mehr angefasst, sodass ich mit meinem Mann in unserem Rhythmus die Wellen begrüßen und begleiten konnte. Wir hatten einen kleinen Raum für uns, in dem wir es uns bequem gemacht haben und absolut ungestört waren. Mein Mann und ich hatten in der Vorbereitung viele Übungen gemeinsam gemacht, sodass er mich in dieser Phase immer unterstützt und geschaut hat, was mir guttun könnte. Für mich war er, wie auch schon bei der ersten Geburt, ein unglaublich wichtiger Anker. Auch wenn ich die gesamte Zeit sehr in mich gekehrt war, wusste ich immer, er war da!

Und das ist auch genau das, was ich bei den anderen Kursteilnehmer-Paaren beobachten durfte. Im Laufe der Kurse entstand eine ganz besondere Verbindung zwischen den Paaren. Die Männer bekamen im Kurs ebenfalls genügend Raum für ihre persönliche Entwicklung, fühlten sich wahr- und vor allem auch ernst genommen und erhielten nebenher noch unglaublich viel Know-how, wie sie ihre Frauen unterstützen können. Doch es geht nicht nur um das reine Unterstützen, sondern auch um das Für-sich-Sorgen. Manche Männer können anfangs damit nicht so viel anfangen. Es ist so wichtig, dass die Frauen darauf vertrauen können, dass die Männer für sich sorgen. Denn nur dann kann frau sich ganz in Ruhe auf die Geburt konzentrieren. Gleichzeitig entstehen durch die gemeinsame Kurszeit und das gemeinsame Üben zu Hause sehr wertvolle Momente und Gespräche. Die Paare werden zu einem Team, das aufeinander eingespielt ist und sich blind vertrauen kann. Und genau das ist das Wichtige für die Geburt – eine vertrauensvolle Verbindung zur Geburtsbegleitung.

> Es ist so wichtig, dass die Frauen darauf vertrauen können, dass die Männer für sich sorgen.

Im weiteren Verlauf meiner Geburt war für mich die 22er-Atmung (**Wellenatmung**) mein absolutes Highlight. Sie hat mir einen Rhythmus gegeben, mein Schmerzempfinden verringert und mich durch jede Welle getragen. Durch die Atmung hatte ich das Gefühl, die Wellen zu unterstützen und einfach mitzufließen. Es ist schwer in Worte zu fassen, was ich gefühlt habe, aber so im Nachhinein würde ich es als Rausch bezeichnen. Meine Hebamme gestand mir später, dass sie diese Atemtechnik ein wenig irritierend fand, da das lange Einatmen für sie so gewirkt hat, als halte ich die Luft an. Aber da sie wusste, dass ich mich mit HypnoBirthing 2.0 vorbereitet hatte, hat sie mich machen lassen. Ich durfte in meinem Rhythmus genau das machen, was mir gutgetan hat. Und das war, auf meinen Körper zu hören, ihm zu folgen und zu vertrauen. Auch mein Mann meinte später, dass ihn die 22er-Atmung überrascht hat. Denn ich war die ganze Zeit sehr ruhig und das kannte er von der ersten Geburt nicht.

Nach einer gewissen Zeit wollte ich in die Badewanne. Das warme Wasser tat sehr gut und hat mir vor allem in den Wellenpausen geholfen, mich zu entspannen. Und dann ging es plötzlich sehr schnell. Die Fruchtblase platzte und der Geburtstanz begann. Für mich war klar, ich konnte den Ort nicht noch mal wechseln und blieb in der Badewanne.

Nachdem die Fruchtblase geplatzt war, wurden die Wellen kräftiger und ich mit einem Mal auch lauter. Ich hatte das Bedürfnis, meine Stimme mit einzusetzen, und begann mit der **J-Atmung** und einem tönenden Ja. Dieses Ja half mir auf unterschiedlichste Weise. Durch das Öffnen meines Mundes hatte ich einen lockeren Kiefer (denn ich wusste, dass dies auch für einen lockeren Beckenboden sorgt) und gleichzeitig hat es eine so positive Wirkung, laut Ja zu rufen. Ich habe ganz bewusst Ja gesagt zu meinem Körper und der Kraft der Wellen. Denn es wurde in der Tat kraftvoll. Aber nicht schmerzhaft. Es war faszinierend zu erleben, wie mir mein Körper ohne mein bewusstes Pressen mein Kind immer näher brachte. Und auch während all dieser Zeit hat mich niemand angefasst. Außer mein Mann. Er war mein Halt. Ich hatte meine Arme um seinen Hals geschlungen und er hielt mich bei jeder Welle fest im Arm. Das war ein wunderschönes Gefühl der Geborgenheit. Ich konnte mich fallen lassen und wurde gehalten und gleichzeitig hatte ich das Gefühl, dass auch seine Kraft in mich übergeht und mich bei der Geburt unterstützt.

> Ich habe ganz bewusst Ja gesagt zu meinem Körper und der Kraft der Wellen.

Hebamme und Hebammenschülerin kamen zwar dazu, nachdem die Fruchtblase geplatzt war, aber sie kontrollierten nur in großen Abständen die Herztöne und hielten sich ansonsten sehr im Hintergrund. Es war einfach unglaublich. Ich durfte meine kleine Tochter selbst ertasten und schlussendlich in Empfang nehmen. Meine Hände waren es, die sie das erste Mal berührten. Sie ist mir im Wasser entgegengeschwommen und hat mich mit ihren dunklen Augen angeschaut. Ich bin unendlich dankbar für diese selbstbestimmte Geburt und den Moment der unbeschreiblichen Liebe, den mein Mann und ich gemeinsam erleben durften, als unsere kleine Tochter auf meiner Brust lag und uns tief ins Herz schaute.

Yasmin

Ich hatte trainiert, mit den Wellen zu atmen, nicht gegen sie

Die Gynäkologin brachte ihr erstes Kind in der Klinik per Wassergeburt zur Welt.

Über eine Freundin hatte ich vom HypnoBirthing erfahren. Sie hatte es als sehr hilfreich empfunden, die verschiedenen Atemtechniken zu lernen, um den Geburtswellen nicht hilflos ausgeliefert zu sein. Ab dem Tag vor dem errechneten Termin fühlte ich mich »bereit« für die Geburt. Davor waren noch viele Dinge zu erledigen und das Wichtigste davon hatte ich geschafft.

Am errechneten Termin hatte ich morgens ab vier Uhr alle zehn Minuten Wellen, die sich aber nach einer Stunde wieder beruhigten. Mittags schlief ich ein paar Stunden und verbrachte den halben Tag gemütlich im Bett, zwischendurch hörte ich mir die **Affirmationen** für die Geburt an und übte die Tiefenentspannung. Den ganzen Tag über hatte ich in etwa jede Stunde eine leichte Welle.

Abends sahen mein Mann und ich zuerst einen sehr lustigen Kurzfilm und dann einen unserer Lieblingsfilme an. Währenddessen hatte ich unregelmäßige Wellen, die ich gut aushalten konnte, wenn ich vom Sofa aufstand und mit dem Pezziball herumhüpfte. Ich spürte die Wellen schmerzhaft im Bereich des Schambeins. Nach dem Film beschwerte ich mich bei meinem Mann, dass die »blöden Wellen« nicht an der »richtigen Stelle« wehtäten und so unregelmäßig wären. So könnte sich der Muttermund nicht öffnen. Kaum hatte ich das ausgesprochen, veränderte sich der Schmerz, jetzt zog er vom Kreuzbeinbereich nach vorn, und die Wellen kamen regelmäßig alle sieben Minuten. Ich spürte, dass die Geburt wirklich losgehen würde, und ich freute mich auf das kommende Naturereignis. Ein Satz der Geburtsaffirmationen hatte es mir besonders angetan und den wiederholte ich im Geiste jetzt und während der gesamten Geburt immer wieder: »Ich bin entspannt und glücklich, dass mein Baby endlich zu mir kommt.«

In aller Ruhe packte ich meinen Geburtsrucksack noch einmal um – der Sommer machte gerade eine Pause und das Baby und ich würden wärmere Kleidung brauchen. Alle sieben Minuten unterbrach ich die Packaktion und eilte zum Pezziball, um die Wellen hüpfend und atmend besser aushalten zu können. Mitten in der Nacht fuhren wir bei strömendem Regen in die Klinik. Im Auto hatten mein Mann und ich viel Spaß damit, laut mit den Wellen zu singen.

In der Klinik wurde ich von der Hebamme untersucht. Sie stellte fest, dass der Muttermund schon drei Zentimeter geöffnet war. Ein guter Befund. Sehr eindrücklich war für mich, dass ich die Eröffnungswellen als viel weniger schmerzhaft empfand, wenn ich bewusst in der Wellenatmung mitatmete. Dabei war die Vorstellung, mich nach unten zu öffnen, sehr wirksam. Sie führte dazu, dass ich die Schmerzen gut erträglich fand. Wenn ich aus irgendeinem Grund von der Konzentration auf die Atmung abgelenkt war, überrollten mich die Wellen und waren kaum auszuhalten. Einmal spürte ich in der Eröffnungsphase sogar eine leichte Panik in mir aufsteigen. Es kam mir vor, als säße ich in einem Karussell, das sich immer schneller dreht, und ich könnte nicht aussteigen, bis die Fahrt vollendet sei. In diesem Moment war ich sehr froh, dass ich in den letzten Wochen fast täglich geübt hatte, mich selbst in Hypnose zu versetzen und diese zu vertiefen. So konnte ich mich mit der 4-8er-Atmung wieder selbst beruhigen.

Ich durfte ein Entspannungsbad nehmen, was mir sehr guttat. Die Wellen gingen in ihrer Intensität etwas zurück und ich konnte Kraft tanken. Nach dem Bad wurden die Wellen intensiver und die Hebamme bot mir ein intravenöses Schmerzmittel an, das ich gern annahm. Mir wurde davon ein wenig schwummrig, aber ich genoss die Schmerzreduktion und den leichten Dämmerzustand (es war ja mitten in der Nacht). Später war ich noch einmal etwas außer mir, da ich die Wellen als sehr schmerzhaft empfand. Diesmal war es mein Mann, der mich zu mir und meiner Konzentration zurückbrachte, indem er mir fest in die Augen sah und mich liebevoll, aber sehr bestimmt aufforderte, mit ihm zur Wellenatmung zurückzukehren. Er war während der ganzen Eröffnungsphase eine sehr wichtige Stütze für mich. Er akupressierte während der Wellen Punkte an meinem Kreuzbein, gab mir zu trinken und ich konnte mich in bestimmten Positionen bei ihm festhalten, was mir psychisch und physisch sehr guttat.

Am frühen Morgen war der Muttermund vollständig geöffnet. Da ich mir eine

Wassergeburt wünschte, wurde jetzt die Gebärbadewanne vorbereitet. Leider hatte ich mit meiner Hebamme nicht über HypnoBirthing gesprochen und so leitete sie mich zum Pressen an. Da ich ja eigentlich die J-Atmung machen wollte, kam ich in einen inneren Konflikt. Dazu kam, dass ich in der Badewanne nicht so viel Halt hatte und nicht richtig pressen konnte. So machte ich weder die J-Atmung noch das Pressen konsequent und aus ganzem Herzen. Dadurch, dass ich in der Badewanne lag, war mein Mann auch etwas weiter von mir entfernt und konnte mir nicht mehr so richtig helfen. In den ersten Morgenstunden wurde dann das Baby aber doch im Wasser geboren. Wir waren und sind überglücklich!

Für die nächste Geburt will ich unbedingt im Vorfeld mit Hebamme und Ärzten über die Austreibungsphase sprechen. Ich will ihnen das Konzept der J-Atmung erklären und darum bitten, dass ich vorerst nicht zum Pressen angeleitet werde (sofern es aus medizinischer Sicht vertretbar ist). Ich bin sehr froh darüber, den HypnoBirthing-Kurs gemacht zu haben. Besonders gut fand ich es, dass ich mich den Wellen (die durchaus sehr schmerzhaft waren) nicht hilflos ausgeliefert gefühlt habe und Handwerkszeug hatte, wie ich mit ihnen umgehen kann. Während des Kurses hat es mir gutgetan so viele schöne und positive Geburten zu sehen.

Louise

Eine meditative Geburt

Louise brachte ihr fünftes Kind zu Hause per Wassergeburt zur Welt.

Die Geburt unseres fünften Kindes war für mich persönlich etwas ganz Besonderes. Alle fünf Geburten waren spontan und auf natürlichem Wege. Aber bei der ersten war ich im Krankenhaus und bekam nach über zwölf Stunden eine PDA. Schlimmer geht es zwar immer, doch war die Erfahrung im Kreißsaal so prägend, dass ich danach wusste: Für eine Geburt gehe ich nur noch im Falle einer medizinischen Indikation ins Krankenhaus.

Wir haben eine tolle Hebamme gefunden, die uns durch alle weiteren Schwangerschaften begleitet hat. Die zweite und dritte Geburt waren zwar viel schneller, aber sie waren so intensiv, dass ich in der vierten Schwangerschaft richtig Angst vor der Geburt hatte. Ich hatte jedes Mal die Geburtsvorbereitungskurse besucht und da ich seit Jahren intensiv Yoga praktiziere, glaubte ich, dass ich das mit der Atmung schon richtig machte. Unsere Hebamme riet mir nun zu Einzelunterricht für Atemübungen mit einer ihrer Kolleginnen. Das war sehr wichtig, denn eines meiner Probleme bei der Atmung war, dass ich in den Yogaübungen geübt hatte, mit der Ausatmung den Beckenboden anzuspannen. Also das genaue Gegenteil von dem, was es für die Geburt braucht. Auch wurde mir bewusst, dass ich regelmäßige Übung brauchte, um gewohnte Muster zu verändern. Heute kann ich beides. So stand die vierte Geburt unter einem ganz anderen Stern, war aber trotz der Dauer von nur einer Stunde immer noch intensiv.

Sechs Jahre später wurde ich wieder schwanger und weil ich über die Jahre immer wieder auf das Thema HypnoBirthing traf, beschloss ich, die Ausbildung zu machen. Da ich mich auch beruflich mit dem Thema Schmerzverarbeitung befasse, wusste ich, dass eine schmerzfreie Geburt theoretisch möglich ist, aber wie dies genau funktionieren sollte, konnte ich mir nicht vorstellen. Dank HypnoBirthing 2.0 kam nun Licht ins Dunkel.

Als dann an einem Sonntagmorgen die Wellen langsam begannen, habe ich mich mit der 4-8er-Atmung entspannt. Da die letzte Geburt so schnell gegangen war, fuhren wir bald ins Geburtshaus. Aber unser fünftes Kind hat sich Zeit gelassen.

Für mich war es ein wahres Geschenk zu wissen, dass mein Körper die Geburt auch ohne meine bewusste Lenkung konnte. So habe ich mich, anders als es sonst meine Natur ist, nur auf die Entspannung und die Visualisierung konzentriert und die Zügel losgelassen. Einen Großteil der Zeit habe ich in Trance verbracht und mit jeder Welle bin ich etwas aus der Tiefe aufgetaucht und habe die 22er-Atmung (Wellenatmung) praktiziert. Was ich am faszinierendsten fand, war, dass ich bei den ersten intensiveren Wellen wahrnahm: Wenn ich jetzt dem gelernten Impuls des Pressens nachgeben würde, würde der Schmerz kommen. Doch dadurch, dass der Bauch sich weitete, entspannte sich alles.

Irgendwann bin ich in die Geburtswanne gestiegen und habe dort mehrere Stunden weiter für mich meditiert. Schließlich kam die Hebamme und sagte: »Du hörst dich nicht an wie eine Frau, die kurz vor der Geburt steht. Ich würde dich noch einmal untersuchen, wenn ich darf.« Das Ergebnis war, dass sich mein Muttermund fast vollständig geöffnet hatte. Ganz ohne Schmerzen. »Das Kind kann kommen«, war die Aussage der Hebamme. Aber wir hatten es nicht eilig. Es sollte noch zwei Stunden dauern. In dieser Phase habe ich jede Welle versungen. Dadurch konnte ich Unterkiefer und Zungengrund entspannen, während ich mir vorstellte, wie ich weit werde. Als Bild hat sich die Rose für mich bewährt.

Als ich mich abtastete und der Kopf meiner Tochter schon vor der Öffnung war, habe ich zweimal geschoben und sie ist ins Wasser geschlüpft. Ich legte sie mir auf die Brust, diesen kleinen wunderbaren Menschen. Wir waren ganz ruhig und entspannt. Es war eine wohlige Erschöpfung nach zehn Stunden Meditation. Die ersten Stunden, mit Lumi in den Armen ruhig im Bett liegend, waren das größte Geschenk.

MANIPURAS LEUCHTEN

Nicht wenige Frauen berichten, dass ihnen das Atmen oder die Atemübungen Schwierigkeiten bereiten. Wenn du das auch kennst, kannst du zunächst mit einer kleinen Veränderung der Körperhaltung beginnen: Zieh die Schultern nach hinten, führ die Schulterblätter zusammen und atme in den Punkt zwischen die Schulterblätter hinein. Du kannst dir dabei vorstellen, wie du einen schweren Rucksack von den Schultern abgleiten lässt.

Zusätzlich kannst du auf meinem YouTube-Kanal eine kleine Trance, genannt »Manipuras Leuchten«, machen.[17] Diese selbsthypnotische Übung dient der Öffnung und Entspannung des Solarplexus (im Sanskrit *Manipura* – »leuchtendes Juwel«). Denn oft manifestieren sich Ängste in einem blockierten Hals- oder Solarplexus-Bereich. Heilung dort führt zum Verschwinden alter Ängste und zu einem tief erlebten inneren Frieden, zu Gleichmut und Gelassenheit. Du kannst »Manipuras Leuchten« über einen längeren Zeitraum hinweg täglich für einige Minuten machen, bis das Gefühl von Wohlbefinden verankert ist.

Und sie hilft dir auch nach der Schwangerschaft, wann immer du dir etwas Gutes tun möchtest.

Inspirationen für mein Drehbuch

Ich warte, lächle,
singe vor mich hin,
indessen sich die Luft erfüllt

mit der Verheißung Duft.

RABINDRANATH TAGORE,
GITANJALI, VERS 44

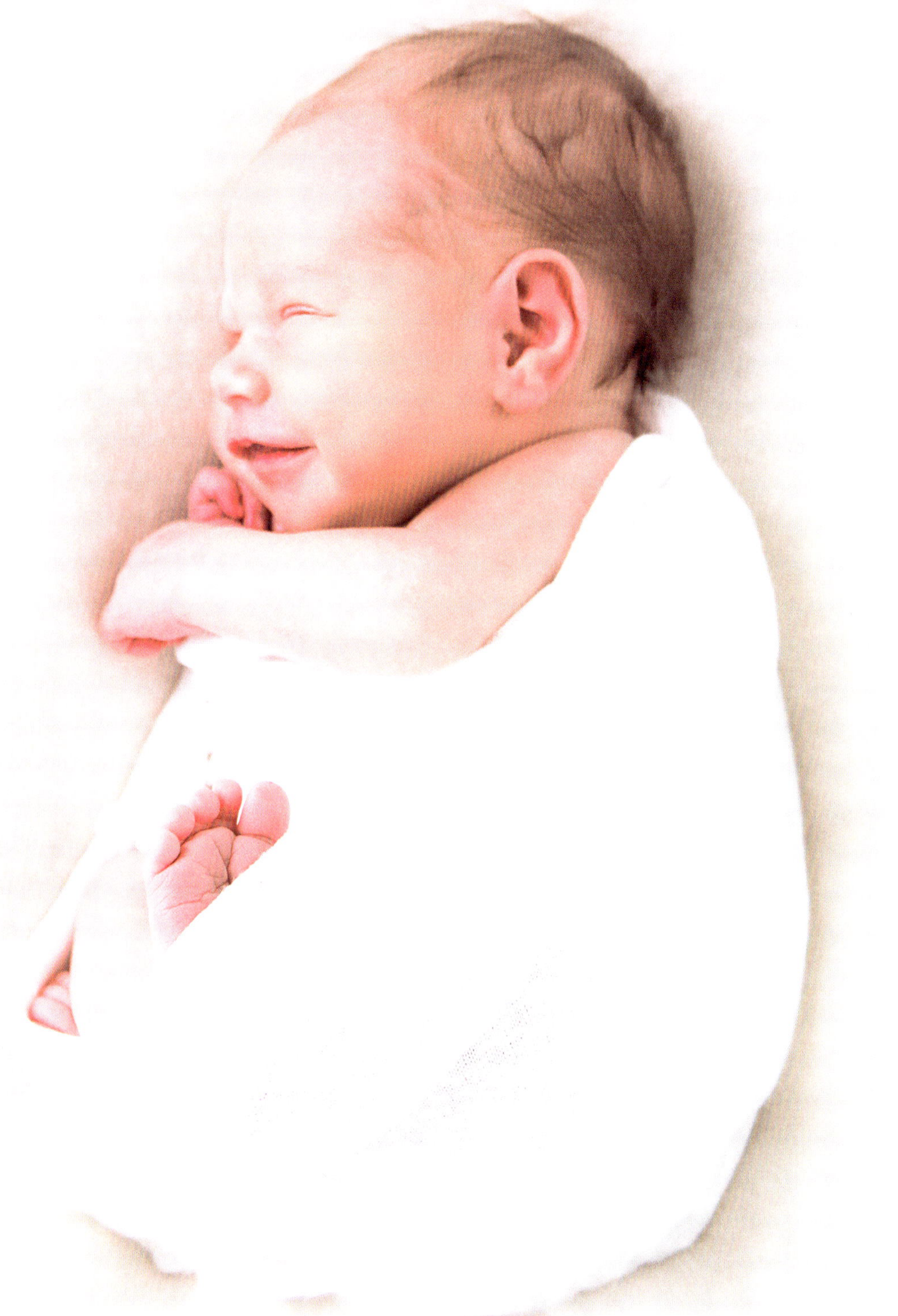

DAS BESTE TEAM FÜR DICH UND DEIN BABY

Er soll der Fels in der Brandung sein – dein Partner (oder deine Partnerin). Er soll bei der Geburt stark sein, deine Hand halten und mit dir atmen, soll erkennen, was du brauchst, und es dir geben. Da sind sehr hohe Erwartungen im Spiel. Deine an ihn – und die, die er an sich selbst stellt. Jedoch kann es für ihn unter Umständen gar nicht so einfach sein, all dem gerecht zu werden.

HypnoBirthing-Kurse sind an Paare gerichtet, dort beschäftigen wir uns auch eingehend mit dem werdenden Vater und seiner Rolle und stellen die Frage in den Raum, ob er tatsächlich bei der Geburt dabei sein will. Ein ehrliches Nein ist in diesem Zusammenhang der größere Liebesbeweis als ein halbherziges oder unter Erwartungsdruck entstandenes Ja. Geburt ist ein sensibles und sehr störungsanfälliges Geschehen. Alles, was er an Gefühlen, Belastungen und Ängsten mit in den Kreißsaal nimmt, beeinflusst dich und damit auch den Geburtsverlauf. Umso wichtiger ist es, dass auch er sich mental und emotional vorbereitet und erkennt, was er braucht, um dann der Fels in der Brandung sein zu können, den du dir wünschst und der er sein will. Und der er auch sein kann, wie du in vielen der Geschichten hier herauslesen kannst. Hier zwei Stimmen direkt von Vätern.

An Ruben
von seinem Papa Florian

Perfektes Timing einer wunderschönen Hausgeburt.

Ich erinnere mich noch ganz genau an jenen Dienstagmorgen. Ich weiß noch, dass deine Mama schon in der Nacht und während des frühen Morgens erste Anzeichen von deinem Kommen hatte, sachte erste Wellen. Dennoch waren wir anfangs nicht ganz sicher, ob es schon so weit ist. Die Vorfreude war natürlich riesig. Zur Entspannung hat deine Mama ein Bad genommen und die Wellen haben etwas abgenommen. Aber die Hebamme war sich ganz sicher, dass es soweit war. Endlich, ich konnte es kaum erwarten. Und erstaunlicherweise war es der erste Tag seit Beginn der Schwangerschaft, an dem ich sagen konnte: Es ist alles Nötige erledigt (ich hatte da noch eine große Netzwerkinstallation im Haus zu beenden). Klar hätte ich sofort alles zur Seite gelegt, wenn du früher auf die Welt gekommen wärst, keine Frage. Jedoch fanden deine Mama und ich den Zeitpunkt perfekt. Besonders dankbar sind wir, dass unsere Hebamme zurück aus den Ferien war und uns daher wunderbar durch die Geburt begleiten konnte.

> Klar hätte ich sofort alles zur Seite gelegt, wenn du früher auf die Welt gekommen wärst, keine Frage.

Nach der ersten Untersuchung am Morgen hat sie empfohlen, noch etwas zu entspannen, Kräfte zu sammeln und zu genießen – das taten wir beim Kuscheln. Also haben deine Mama und ich gefärcht (wie wir dazu sagen) wie die Weltmeister, uns freudig über das Bevorstehende unterhalten, Musik und Maloney-Geschichten angehört. Auch ein gutes Frühstück durfte nicht fehlen. Zudem haben wir zwischendrin unsere HypnoBirthing-Entspannungsübungen gemacht. Das hat uns beiden sehr gutgetan. Und immer mal wieder sind wir eingenickt.

Am Nachmittag verkleinerten sich die Abstände zwischen den Wellen, also haben wir die Hebamme gebeten, wiederzukommen. Deine Mama hat zum Glück alles wunderbar vorbereitet, sodass alles benötigte Material für die Geburt zur Stelle war. Gegen Abend habe ich Kerzen aufgestellt, sanftes Licht gemacht und im Hintergrund die Klaviermusik von Dave Brander abspielen lassen. Die Atmosphäre war romantisch, wenngleich die Geburt anstrengend war, besonders für deine Mama. Wir setzten die Geburtsübungen fort. Die Hebamme berichtete freudig, dass die Geburt gut fortgeschritten war und dass es nicht mehr sehr lange dauern würde. Das waren gute Neuigkeiten für mich, denn ich konnte den großen Moment kaum erwarten. Wer du wohl sein magst? So klein, so zerbrechlich, ein kleiner Mensch, von deiner Mama 38 Wochen im Bauch getragen. Das erste Mal würde ich dann in deine Augen, in dein Gesicht blicken dürfen, dich ganz nahe spüren, deine Stimme hören, deinen Atem wahrnehmen. Wir wussten noch nicht, ob du ein Mädchen oder ein Junge bist. Ich hatte da auch keine Vorahnung – meine Vorfreude auf mein, unser Kind war mir viel wichtiger.

Während des gesamten Geburtsvorganges war ich voll eingespannt, immer dabei, immer nahe bei deiner Mama, um ihr zu helfen, zwischen den Wellen Entspannung zu finden, ihr Sicherheit und Geborgenheit zu schenken. Und genau so war ich immer in deiner Nähe, das war perfekt für mich, ich fühlte mich wohl. Unsere liebe Hebamme hat immer wieder ermutigende Worte gesagt und sich vollumfänglich um den Geburtsvorgang gekümmert, unter anderem Verletzungen vorgebeugt. Hin und wieder, sehr passend und auflockernd, gab es auch lustige Moment, denn sie hat einen erfrischenden Humor.

> Ich war immer in deiner Nähe, das war perfekt für mich, ich fühlte mich wohl.

Nach sechs Uhr abends kam zum ersten Mal dein Köpfchen zum Vorschein, ein schwarzes Büschel Haare. Wir haben dich beide zum ersten Mal berührt, Hallo gesagt, ein erstes Willkommen. Ich bin sehr stolz auf deine Mama, ihre Hingabe für diese Geburt war jederzeit spürbar. Und obschon es anstrengend und kräftezehrend war, hat sie nie den Fokus verloren. Um Viertel vor sieben haben dich meine Hände in Empfang genommen und sofort auf die Brust deiner Mama gelegt. Die Gefühle in diesem Moment waren überwältigend und schwer zu beschreiben: glücklich, warm ums Herz, tiefe Verbundenheit, erlöst, dass alles gut gegangen ist, Freude, staunend über das neue Geschöpf, dankbar für deine

Mama, die dich so wunderbar auf die Welt gebracht hat, dankbar, dass es uns allen gut geht, dankbar, dass wir dich haben dürfen. Du hast in der ersten Minute kurz geweint, dich bemerkbar gemacht und dann bei deiner Mama ausgeruht und sofort geborgen gefühlt.

Da ich dich gleich auf die Brust deiner Mama gelegt habe und dein Rücken zu mir gerichtet war, wussten wir in den ersten Minuten nicht sicher, ob du Mädchen oder Junge wärst. Ich hatte da zwar etwas gespürt, als ich dich in den Armen hielt, aber die Hebamme meinte, dass dies auch die Nabelschnur hätte sein können. Doch schnell war klar: ein Sohn, unser Ruben!

Christian

Von einem Papa zu werdenden Papas

Dieser Vater richtet seine Worte direkt an andere Väter, denen die Geburt ihres Kindes noch bevorsteht.

Die Geburt ist etwas Wundervolles und das Natürlichste auf der Welt. Habt Mut und seid einfach für eure Frauen und die Ankunft eurer Kinder da. Ihr gebt Halt und Kraft und könnt aktiv die Geburt miterleben. Das ist nicht einfach nur ein Beobachten, sondern vielmehr ermöglicht eine HypnoBirthing-Geburt das aktive Dabeisein und Miterleben, wie Leben entsteht und auf die Erde kommt. Die Kraft, die ihr euren Frauen gebt, stabilisiert die Geburt. Seid ihr ruhig und entspannt, fällt es auch eurer Frau leichter. Das Leben ist vollkommen und diese Vollkommenheit kann man bei einer Schwangerschaft und natürlich vor allem bei der Geburt wirklich fühlen und letztlich »anfassen«. Die Geburt ist etwas Wundervolles und sollte auch wundervoll sein! Und sie kann völlig schmerzlos und sanft sein.

ARCHE MAMA: DEINE GEBURTS-CREW, OB MIT ODER OHNE PAPA

Ich weiß, dass wir Frauen stark und mit der richtigen Unterstützung nicht aufzuhalten sind. Das gilt auch und besonders für die Geburt. In uns Frauen wohnt eine unglaubliche Kraft, auch in dir. Es gilt, sich mit dieser Kraft zu verbinden. Es gilt, dich in dieser Kraft zu aktivieren, sie zu fühlen und mit Mut und Vertrauen in die Geburt zu gehen, unabhängig davon, ob dein Partner dabei ist oder nicht, ob du die Hebamme bekommst, die du dir wünschst, oder nicht. Denn: Die wichtigste Person für die Geburt ist immer bei dir, dein Baby. Ihr beide werdet diese Aufgabe meistern. Denn eure Körper (wie die aller Säugetiere) sind mit dem GebärCode für Geburt »programmiert«.

Dein Job, deine Aufgabe ist es, ganz bei dir, ganz im Kontakt mit deinem Baby zu bleiben, konzentriert in deinem inneren Geburtsraum zu sein, egal was drumherum los ist, wie auch immer die Umstände sind. Es ist von grundlegender Wichtigkeit, dass du für dein Baby entspannt und zuversichtlich bist und bleibst. Denn die Kraft, die Intelligenz, die in deinem Körper existiert, die Leben erschafft, auch sie ist immer in dir und auch im Körper deines Kindes. Und sie wirkt für dich, für euch beide. Deine Aufgabe ist es, so intensiv wie nur möglich mit dieser Intelligenz verbunden zu sein, dich auf sie – und nur auf sie – einzuschwingen. Dafür musst du mit deiner Aufmerksamkeit bei dir bleiben und nicht im Außen nach Lösungen suchen. Was zugegebenermaßen nicht ganz so einfach sein kann, wenn es um dich herum möglicherweise unruhig zugeht oder gar Krisenstimmung herrscht.

Bitte mach dir klar: Du bist nicht in einer Krise, du bist in einem vollkommen natürlichen Zustand. Du bist schwanger und im Begriff, dein Kind auf die Welt zu bringen. Damit bist du eine von drei Frauen auf der Welt, die jede Sekunde ein Kind auf die Welt bringen.

Das Team vorab zusammenstellen

Bau dir von Anfang an eine Arche Mama mit deinen persönlichen Unterstützerinnen und Unterstützern. Auf sie kannst du zugreifen, wenn dein Denken doch mal in eine Art Titanic-Stimmung verfällt und du anfängst, Katastrophenszenarien und damit Angstgefühle zu entwickeln. Nimm in dein Team, was dir guttut. Nicht nur Menschen, sondern auch Werkzeuge und Dinge, die dir helfen: deinen Entspannungsduft, entspannende und aufbauende Musik, Affirmationen, stärkende und motivierende Bilder – meistens sind diese Dinge ja sowieso schon auf deinem Smartphone. Das kannst du noch weiter ausbauen – du findest hier gleich noch ein paar wertvolle Tools.

Und natürlich brauchst du sturmerprobte Gefährtinnen und Gefährten. Schau dich in deinem Umfeld um: Wer ist jetzt schon an deiner Seite und gibt dir Kraft? Wer macht dir Mut, wer stärkt dein Vertrauen? An wen kannst du dich anlehnen, aber wer bringt dich auch zum Lachen oder gibt dir einen liebevollen Tritt in den Allerwertesten, wenn du das Drama-Krönchen aufziehst?

> Mit deiner Geburts-Crew kannst du während der Geburt kurz Kontakt aufnehmen, wenn du sie brauchst.

Sprich mit diesen Menschen und frage sie, ob sie bereit wären, dich zumindest telefonisch zu unterstützen, wenn du bräuchtest. Dann erstellst du eine kleine Telefonliste nur mit ihren Nummern. Sie sind jetzt deine Geburts-Crew, dein Unterstützungsteam. Mit ihnen kannst du während der Geburt kurz Kontakt aufnehmen, wenn du sie brauchst. Dann solltest du aber auch unbedingt alle restlichen Nummern für den Zeitraum der Geburt unterdrücken. Am besten machst du einen Testlauf, bevor es losgeht.

Wichtig ist, sorgfältig zu wählen. Jede und jeder aus deiner Crew muss sturmerprobt sein und auch bei hohem Wellengang Stehvermögen haben, um dich klar unterstützen zu können. Eine Freundin, die ihre eigene Geburtserfahrung noch nicht verarbeitet hat oder so superempathisch ist, dass sie selbst ständig in Tränen ausbricht und mitleidet, sobald es dir nicht gut geht, ist für diese Aufgabe nicht geeignet. Es braucht jemanden, der weiß, dass dir jetzt – egal was du sagst –

Mut zugesprochen werden muss. Eine Freundin, die davon überzeugt ist, dass unser Körper mit der richtigen Unterstützung außerordentlich stark ist. Die dich an deine stärkenden Code-Worte erinnert, die ihr vorher ausgemacht habt. So steigst du aus der Titanic aus und auf deine Arche Mama um.

Nutze, was geht und dir guttut. Es ist natürlich nicht das Gleiche, jemanden in Persona neben dir zu haben, der deine Hand hält, oder jemanden nur auf dem Schirm zu sehen. Aber auch hier ist es eine Frage der Sichtweise. Unter manchen Umständen ist der Spatz in der Hand besser als die Taube auf dem Dach. Trau dich. Die Arche wurde von Laien gebaut. Die Titanic von Fachleuten. Also: Du bist nicht allein! Du bist stark und du schaffst das.

Ich finde den folgenden Text, den mir meine Schwester in einer eher dunklen Lebensphase schickte, hier wunderbar passend. Es gibt ihn in verschiedenen Versionen auf Englisch im Internet und ich habe ihn hier übersetzt.

SCHWESTERN

Eine junge Frau besuchte für einige Tage ihre Mutter, um ein wenig Zeit mit ihr zu verbringen. So kam es, dass sie an einem heißen Tag gemeinsam auf dem Sofa saßen, Eistee tranken und über das Leben, die Ehe, die Verantwortlichkeiten des Lebens und die Verpflichtungen des Frauseins sprachen. Die Mutter spielte gedankenverloren mit den Eiswürfeln in ihrem Glas, warf dann einen kurzen Seitenblick auf die Tochter und gab ihr folgenden Rat:

»Vergiss niemals deine Schwestern. Sie werden immer wichtiger sein, je älter du wirst. Egal wie sehr du deinen Ehemann liebst oder deine Kinder, immer wirst du Schwestern brauchen. Verbringe Zeit mit ihnen, fahr weg und unternimm etwas gemeinsam mit ihnen. Wisse, mit Schwestern sind alle Frauen gemeint: deine Freundinnen und alle weiblichen Verwandten. Du brauchst andere Frauen. Frauen brauchen einander. Immer.«

Was für ein merkwürdiger Rat, dachte die junge Frau. Habe ich nicht gerade geheiratet? Sicherlich werden mein Ehemann und die Familie, die wir gründen, alles sein, was ich brauche, damit mein Leben lebenswert ist. Doch sie hörte auf ihre Mutter. Sie hielt Verbindung mit ihren Schwestern und machte sich mit jedem Jahr mehr und mehr Freundinnen.

Als die Jahre eins um das andere vergingen, begann sie allmählich zu verstehen, dass ihre Mutter wirklich wusste, worüber sie sprach. Wenn die Zeit und die Natur ihre Veränderungen und ihre Mysterien in den Frauen bewirken, dann sind Schwestern die Grundlage ihres Lebens.

Zeit vergeht. Leben geschieht. Entfernung trennt. Kinder wachsen auf. Berufe kommen und gehen. Liebe wächst und vergeht. Herzen brechen. Männer tun nicht, was wir uns von ihnen wünschen oder was sie tun sollten. Eltern sterben. Kolleginnen vergessen Gefälligkeiten. Karrieren enden. Aber … Schwestern sind für dich da, ganz egal wie viel Zeit und Raum zwischen euch liegt. Eine Freundin ist nur so weit entfernt wie nötig, um dir nahe zu sein, wenn dein Bedürfnis es verlangt. Wenn du durch ein einsames Tal gehen musst, dann werden die Frauen deines Lebens am Rande des Tales stehen, dir Mut machen, dich anspornen, für dich beten, dich mitziehen, zu deinen Gunsten eingreifen und mit offenen Armen am Ende des Tales auf dich warten. Manchmal werden sie sogar die Regeln brechen und neben dir gehen … Oder sie kommen hinein und tragen dich hinaus.

Großmütter, Mütter, Tanten, Schwestern, Freundinnen, Schwägerinnen, Töchter, Schwiegertöchter, Enkeltöchter, Nichten, Cousinen und die ganze weibliche Großfamilie – alle segnen dein Leben! Die Welt wäre nicht ohne Frauen – ich auch nicht.

Als wir dieses Weiblichkeit genannte Abenteuer begannen, hatten wir keine Vorstellung von den unglaublichen Freuden und Herausforderungen, die vor uns lagen. Noch wussten wir, wie sehr wir einander brauchen würden. Und noch immer brauchen wir einander – jeden Tag.

Gib dies weiter an alle Frauen, die dein Leben bedeutungsvoll machen. Ich tat es gerade. Schwestern gibt es überall auf Mutter Erde. Und eine liest meine Geschichte in diesem Augenblick.

Mit im Gepäck: Mut

Angst und Mut sind zwei Seiten einer Medaille. In der Vorbereitung zu diesem Kapitel fand ich heraus, dass Mut die gleiche Wurzel wie das altägyptische Wort für »Mutter« hat. Mut wurde in der ägyptischen Mythologie als große Weltenmutter verehrt, als Muttergöttin, die schützt und Leben gibt. Ist das nicht wundervoll? Warum sollten wir uns nicht mit ihr verbinden und sie in unser Team bitten?

Mit Mut können wir alles überwinden. Wenn wir bereit sind, wirklich Verantwortung zu übernehmen für die Art und Weise, wie wir gebären wollen, aktivieren wir unseren (oder den uns innewohnenden) Mut und verwandeln Angst in Entschlossenheit, die uns durch die Herausforderungen der Schwangerschaft, die Auseinandersetzungen mit dem medizinischen Feld und schlussendlich durch die Geburt hindurchträgt.

> Mit Mut können wir alles überwinden.

Dazu passt eine bekannte Geschichte, die ich hier verkürzt wiedergeben möchte: Ein alter Mann sitzt mit seiner Enkelin am Lagerfeuer. Er sagt: »Im Leben eines jeden Menschen gibt es zwei Wölfe, die miteinander kämpfen: Der eine ist Hass, Misstrauen, Feindschaft, Angst. Der andere ist Liebe, Vertrauen, Freundschaft, Hoffnung und Friede.« Das kleine Mädchen schaut eine Weile ins Feuer und fragt dann: »Welcher Wolf gewinnt?« Und der Großvater antwortet: »Der, den du fütterst.«

Myriam
Ein kleines Wunder und wie wichtig es ist, an sich zu glauben

Myriam bekam ihr zweites Kind interventionsfrei bei einer sanften Wassergeburt ohne Geburtsverletzungen.

Die Geburt meines ersten Sohnes war für mich eine sehr traumatische Erfahrung und es brauchte eine Weile, bis ich damit umgehen konnte. Als ich wieder schwanger war, suchte ich nach einem Weg, mit meiner Angst vor der nächsten Geburt umgehen zu können. Schließlich machte ich zusammen mit meinem Mann einen HypnoBirthing-Kurs.

Aufgrund der ersten Geburt rieten mir die Ärzte und Beckenbodenspezialisten zu einem Kaiserschnitt, da bei mir der Dammschnitt nicht gut und zu kurz genäht wurde und ich immer noch Beschwerden davon hatte. Sie meinten, das Risiko für erneute, schwere und eventuell irreparable Geburtsverletzungen wäre zu groß. Ich und auch mein Mann konnten uns einen Kaiserschnitt nicht vorstellen. Trotz des Risikos für mich fühlte sich das so falsch an und trotz der ersten Geburtserfahrung wünschte ich mir eine natürliche Geburt und war überzeugt, dass es für mich und mein Baby der richtige Weg war. Ich wechselte das Krankenhaus. Dort stimmte die leitende Ärztin zu, dass ich mich erst für eine natürliche Geburt oder einen Kaiserschnitt entscheiden müsste, wenn die Wellen einsetzten. Sie war neben meiner Frauenärztin die einzige Ärztin, die mir zu verstehen gab, dass eine natürliche Geburt nicht völliger Wahnsinn war.

Schon anderthalb Wochen vor der Geburt hatte ich tagsüber Kontraktionen und der Muttermund war auch schon offen, aber unser Kleiner ließ sich Zeit. Irgendwann wurden die Wellen endlich stärker und die Abstände kürzer. Wir riefen Oma und Opa an, dass sie unseren Großen abholen kamen. Als er ging, war es ganz komisch für mich, da mir in diesem Moment bewusst wurde, dass nun die Zeit nur mit ihm vorbei war und dass er, wenn ich ihn das nächste Mal sehen würde, ein großer Bruder sein würde.

Als es dann so weit war, habe ich nicht einmal mehr an den Kaiserschnitt gedacht! Ich war mir so sicher, dass es eine natürliche Geburt werden und dass alles gut gehen würde. Die Wellen wurden intensiver und ich konnte sie gut veratmen. Ich stellte mir vor, wie der Druck nach unten rausging und mein Muttermund ganz weich wurde. Als die Wellen alle vier bis fünf Minuten kamen, rief mein Mann im Krankenhaus an, um uns anzumelden. Ich bat ihn zu fragen, ob meine behandelnde Ärztin Dienst hatte, da sie meine Geschichte und die besonderen Umstände kannte. Als er mir sagte, dass sie nicht da war, fiel ich in ein tiefes Loch. Nun kam doch die Angst hoch und ich fand es unglaublich zu erleben, wie dadurch die Wellen nachließen! Auf einmal waren die Abstände bei zehn bis fünfzehn Minuten und sie waren nicht mehr intensiv. Es dauerte fast zwei Stunden, bis ich innerlich wieder so weit war, dass ich dachte, die Geburt würde trotzdem gut werden. Damit wurden die Wellen auch wieder stärker. Das so zu erleben, fand ich sehr eindrücklich.

Ganz plötzlich waren die Wellen sehr stark und die Abstände bei zwei bis drei Minuten und wir schafften es noch gut ins Krankenhaus. Im Auto half es mir zu tönen. Ich hatte im Vorgespräch mit den Hebammen vereinbart, dass ich mich melde, wenn ich etwas brauche, und sie mich sonst »in Ruhe lassen«. Anfangs war ich lange im Vierfüßlerstand, weil ich das sehr angenehm fand. Die **Ruheatmung** half mir in den Pausen. Mit der **Wellenatmung** bin ich schon beim Üben nicht klargekommen und habe bei den Wellen getönt, was mir sehr geholfen hat. Nach dem Schichtwechsel der Hebammen hatte ich zwei ganz tolle, liebe und wunderbare Hebammen, die mir in die Badewanne halfen. Das Wasser war sehr angenehm und ich konnte mich in den Pausen noch besser entspannen. Mein Mann war immer da, gab mir Sicherheit und drückte bei den Wellen auf mein Kreuzbein, was mir etwas vom Druck nahm. Die Wellen wurden stärker und der Druck nahm zu, aber es ging mir gut damit. Die Hebammen ermutigten mich, mich selbst zu untersuchen und ihnen zu sagen, was ich spürte. Ich fühlte die Fruchtblase und war total überrascht darüber. Ich spürte die Fortschritte, wie sich die Scheide langsam im-

> Mein Mann war immer da, gab mir Sicherheit und drückte bei den Wellen auf mein Kreuzbein, was mir etwas vom Druck nahm.

mer weiter aufdehnte, was mich sehr motivierte. Ich fand es so ermutigend, dass mich die Hebammen das selbst spüren ließen und mich während der gesamten Geburt nur einmal untersuchten. So konnte ich gut bei mir bleiben und mich auf mich und unser Baby konzentrieren.

Als dann bei einer Welle die Fruchtblase platzte, ging es schneller vorwärts. Ich spürte, wie das Baby tiefer sank und ich einen Pressdrang bekam. Ich veratmete die Wellen und wandte die Geburtsatmung (J-Atmung) an, da ich aus Sorge um meinen vorgeschädigten Damm nicht pressen wollte. Unser Sohn kam tiefer und der Druck war wahnsinnig stark – und ich hatte plötzlich einfach keine Lust mehr. Ich wollte, dass er endlich kam und es aufhörte und ich mich ausruhen konnte. Mein Mann und die Hebammen sagten mir, dass es nun nicht mehr lange dauern würde, und so war es auch. Jetzt hatte ich auch das Gefühl, etwas mitpressen zu müssen, und spürte, wie er schnell weiter runterkam und der Kopf langsam durch die Scheide trat.

Es brauchte einige Wellen. Das einzig Schmerzhafte an der ganzen Geburt war, als der Kopf kam und ich auf die nächste Welle warten sollte, anstatt ihn rauszuschieben. Es brauchte viel Kraft und Konzentration, ihn da nicht einfach rauszupressen. Aber dann kam die letzte Welle und er kam heraus! Die Hebamme nahm ihn auf und legte ihn mir auf die Brust. Er gab einen kleinen Laut von sich und lag dann ganz still und zufrieden auf mir. Was für ein unbeschreibliches Gefühl und Glück! Ich konnte es kaum glauben, dass er nun da war, und hätte platzen können vor Freude, Glück und Dankbarkeit. Endlich konnte ich ihn im Arm halten!

Der Arzt untersuchte mich auf Verletzungen und das zweite Wunder wurde offenbar: keinerlei Geburtsverletzungen trotz meiner Vorgeschichte! Der Arzt und die Hebammen konnten es nicht glauben, sie wären sich sicher gewesen, dass ich reißen würde, und hatten gehofft, dass es nicht so schlimm wie beim ersten Mal sein würde. Keiner konnte es glauben und bei mir brachen alle Dämme, ich weinte aus Erleichterung und Dankbarkeit. Alles war gut gegangen, ich hatte entgegen der ärztlichen Prognosen keine Verletzungen und unser

> Alles war gut gegangen, ich hatte entgegen der ärztlichen Prognosen keine Verletzungen.

Kleiner konnte ganz natürlich, sanft und entspannt auf die Welt kommen. Ich habe auf mein Gefühl und meinem Körper vertraut und empfinde eine tiefe, tiefe Dankbarkeit. Endlich konnten wir uns mit der ersten Geburt aussöhnen und sind überglücklich mit unseren beiden Jungs. Und ich weiß nun, dass ich mich auf meine Gefühle und Intuition absolut verlassen kann.

SO STÄRKST DU DEINE INTUITION UND DEN KONTAKT ZU DEINEM BABY

In diesem Buch standen die positiven und schönen Geburtsgeschichten vieler Frauen im Zentrum. Die praktische Seite des HypnoBirthing konnte ich hoffentlich andeuten, wenn auch nicht im Detail ausführen. Informationen dazu findest du in meinem Buch *Mama werden mit HypnoBirthing* und in den HypnoBirthing-2.0-Kursen bei dir vor Ort. Eine ganz praktische Anregung möchte ich dir hier aber noch mitgeben, mit der du deine intuitiven Fähigkeiten stärken und spielerisch und einfach mit dem Spirit deines ungeborenen Babys Kontakt aufnehmen kannst. Schließlich ist es ja der wichtigste Mitspieler im Geburtsgeschehen.

Die folgende kleine Meditation kann dir helfen, die Verbindung zu ihm und eure Kommunikation zu vertiefen. So erfährst du mehr darüber, was dein Baby von dir braucht, um sich zum Beispiel wohlzufühlen oder um sich auf mögliche Untersuchungen einzustimmen, die ihm unter Umständen Stress machen könnten. Deine Intuition und den direkten Austausch mit deinem Baby kann nichts ersetzen, auch keine App. Du brauchst eine starke Intuition, jetzt in der Schwangerschaft, später für eine selbstbestimmte Geburt und als Mama.

Ich hab die Meditation, die hier gleich folgt, »Die Regenbogenkugel« genannt (du findest sie auch auf meinem YouTube-Kanal). Die Idee bekam ich über die Arbeiten von Teresa Robertson[18], einer US-amerikanischen Hebamme und Heilerin. Die Übung ist eine schöne Möglichkeit mit dem Geist, der Seele, ich sage lieber: mit dem Spirit deines ungeborenen Babys Kontakt aufzunehmen. Das ist besonders hilfreich vor Ultraschalluntersuchungen, denn man weiß schon lange, dass Babys diese nicht mögen, sie verstärkt strampeln oder sich dabei wegdrehen. Es scheint ihr Versuch zu sein, den Schallwellen, denen sie plötzlich ausgeliefert sind, auszuweichen. Denn diese können für sie sehr laut sein und sogar die Temperatur im Fruchtwasser erhöhen. Vor diesem Hintergrund halte ich den Trend der sogenannten Baby-Watching-Partys für mehr als bedenklich.

Aber in der ein oder anderen Situation mag ein Ultraschall durchaus wichtig sein, um bestimmte Fragen abzuklären. Und dann kann man sich auf sein Baby einstimmen, mit ihm sprechen und ihm über innere Bilder helfen, sich auf die bevorstehende Untersuchung einzustimmen und sie stressfrei zu meistern. Teresa Robertson erzählt beispielsweise von einer Frau, die schon mehrere Fehlgeburten hatte und in der aktuellen Schwangerschaft sicher gehen wollte, dass mit dem Baby alles in Ordnung war. Jedoch drehte es sich jedes Mal so, dass man nichts erkennen konnte, und bewegte sich auch heftig. Mithilfe der hier gleich folgenden Übung soll sie dann mit ihrem kleinen Sohn vereinbart haben, ihm während des Ultraschalls eine Schutzschicht um seinen kleinen Körper zu legen, sodass er sich sicher und geborgen fühlen konnte. Und tatsächlich sei die Untersuchung dann gut verlaufen.

> Eine gute Kommunikation mit dem Baby ist eigentlich ganz einfach.

Eine gute Kommunikation mit dem Baby ist eigentlich ganz einfach. Denn so, wie wir seit unserer Geburt mit Sinnen ausgestattet sind, die uns befähigen zu tasten, zu sehen, zu hören, zu riechen und zu schmecken, so besitzen wir auch die Fähigkeit, intuitiv Dinge wahrzunehmen. Dinge, die man nicht sehen kann. Und das soll mit der Zirbeldrüse zusammenhängen, die wir auch mithilfe von **Hypnose** oder Meditation stimulieren können. Die Zirbeldrüse, auch Epiphyse genannt, ist ein sehr kleines, aber sehr spannendes Organ, das in der Mitte des Kopfes auf der Höhe des Punktes zwischen den Augen liegt. Sie ist zuständig für Wachstum von Körper und Gehirn, produziert jene Hormone, die Fruchtbarkeit, Schwangerschaft und Geburt steuern, und reguliert über die Ausschüttung des Schlafhormons Melatonin und des Glückshormons Serotonin unsere innere Uhr und unseren Schlaf. Sie ist auch an der Produktion von DMT (Dimethyltryptamin) beteiligt, was als das stärkste Psychedelikum der Welt gilt.[19] Damit soll sie außersinnliche Wahrnehmung ermöglichen und unserem Bewusstsein das Tor in spirituelle Dimensionen öffnen. Und sie ist damit auch die (Telefon-)Leitung zum Baby.

MEDITATION: DIE REGENBOGENKUGEL

Sorge dafür, vollkommen ungestört zu sein. Stell Klingel und Telefon ab und mach es dir im Sitzen bequem. Du kannst dich anlehnen, der Oberkörper ist entspannt und aufrecht, die Wirbelsäule gerade, Brustkorb offen, die Arme liegen entspannt im Schoß oder seitlich auf, damit dein Atem leicht ein- und ausfließen kann. Die Beine sind vielleicht im Schneidersitz überkreuzt, oder die Füße stehen parallel und fest auf dem Boden. Ganz wie es dir bequem erscheint. Spüre noch einmal nach, ob dein Körper mit der Position zufrieden ist, und korrigiere sie gegebenenfalls noch ein wenig. Dann richte deine Aufmerksamkeit auf deinen Atem. Lass ihn einfach fließen.

Nun erdest du dich. Hierfür lenkst du deine Aufmerksamkeit in den Bereich am Ende deiner Wirbelsäule und lässt in deiner Vorstellung von hier aus eine dicke und starke Wurzel langsam bis hinunter zum Mittelpunkt der Erde entstehen. Vielleicht magst du den Punkt an der Wirbelsäule und den im inneren der Erde jeweils mit einem Zeichen, vielleicht einem X, markieren. Das hilft, die Vorstellung hier zu verankern. Spüre in diese starke, stabile und sichere Verbindung zur Erde hinein und atme einige Male an dieser Wurzel entlang in den Mittelpunkt der Erde.

Dann stell dir außerhalb deines Körpers, auf der Höhe deines Gesichtes oder deines Herzens eine schöne bunte Blase vor. Vielleicht wie eine riesige Seifenblase, die regenbogenfarben in der Sonne schillert. Eine Art Regenbogenkugel.

Erde auch sie, indem du sie mithilfe einer schönen starken Wurzel mit dem Mittelpunkt der Erde verbindest, so wie du dich selbst geerdet hast. Nimm wahr, was du fühlst, hörst oder sonst wie intuitiv von dieser Kugel weißt.

Nun lädst du den Spirit deines Babys ein, in dieser schillernden Regenbogenkugel zu erscheinen. Und sobald es da ist, stellst du dir von deinem Herzen ausgehend einen Verbindungsstrahl, zum Beispiel einen Sonnenstrahl, hin zu seinem Herzen vor.

Jetzt, da auch die Regenbogenkugel gut geerdet und der Kommunikationsweg geöffnet ist, stell dir oberhalb deines Kopfes, im Bereich des sogenannten Kronenchakras, einen goldenen Kreis oder einen Ring vor, in dem ein »Hallo, ich sehe dich« leuchtet, und sende diesen Ring zu deinem Baby in die Kugel hinein. Und jetzt achte auf die Reaktionen deines Babys. Was geschieht mit der Kugel? Gibt es irgendwelche Veränderungen bei deinem Baby? Fühlt sich dein Körper anders an?

Nun kannst du dein Baby fragen, ob es dir etwas mitteilen möchte, oder vielleicht möchtest du eine Antwort von ihm auf eine Frage, die dich beschäftigt. Achte wieder auf Zeichen in dir, Gefühle, Gedanken, sonstige Wahrnehmungen.

Du beendest diesen Austausch, indem du wieder einen goldenen Ring oberhalb deines Kopfes visualisierst, in dem du in leuchtenden Buchstaben »Bis bald. Ich liebe dich« oder deinen eigenen Abschiedsgruß aufleuchten lässt und wie vorhin zu deinem Baby in die Kugel sendest. Dann löst du die Visualisierung auf, so wie Träume sich auflösen, indem sie einfach von einem Augenblick zum nächsten verschwunden sind. Du bedankst dich bei dir selbst, dass du dir die Zeit genommen hast für dich und dein Baby.

Der BabyTalk

Außer der Regenbogenkugel gibt es auch den BabyTalk (auf unserer Institutswebsite), mit dem du ganz bewusst einen direkten inneren Kontakt zu deinem Baby herstellen kannst, um das Band zwischen dir und ihm zu stärken und ihm Vertrauen für seine Geburt zu vermitteln. Sei dir bei solchen Übungen bewusst, dass jeder Mensch Informationen auf sehr unterschiedliche Weise aufnimmt. Bleib daher einfach entspannt und offen, während deine Aufmerksamkeit auf dem liegt, was du fühlst, innerlich hörst oder sonst wie wahrnimmst. Deine Erfahrungen werden sich von Mal zu Mal vertiefen. Um rückblickend Veränderungen nachverfolgen zu können, empfehle ich dir, ein schönes Heft oder Ähnliches bereitzulegen, in dem du deine Erfahrungen notierst.

HYPNOBIRTHING: SOGAR NOCH MEHR ALS GEBURTSVORBEREITUNG

Die Tools, die dir das HypnoBirthing vermitteln kann, sind grandios. Und auf jeden Fall zu schade, um sie nach der Geburt einfach wieder zu vergessen. Du kannst Atemtechniken und **Hypnosen**, **Affirmationen** und Gedankenhygiene – jeweils angepasst – auch anwenden, wenn du eine Verletzung hast, die noch nicht gleich versorgt werden kann oder bereits am Abheilen ist. Du kannst sie beim Zahnarzt nutzen und vor Prüfungen oder herausfordernden Gesprächen. Auch deinem Partner, deiner Partnerin oder deinen Kindern kannst du sie für solche Gelegenheiten vermitteln.

ZWÖLF GUTE FEEN

1. Gönn dir mehrfach kleine Auszeiten. Nimm dabei achtsam deine Gedanken und deine körperlichen Signale wahr. Hülle dich immer wieder in gute, wohltuende und wertschätzende Gedanken.
2. Glaub nicht alles, was du denkst.
3. Nimm dir immer wieder Zeit, um innezuhalten und nachzuspüren, wenn Druck von außen kommt. Erst spüren, dann reagieren! Meistens ist nicht wirklich Eile geboten.
4. Achte auf das Wort »müssen«. Ersetze es durch »ich will«, »ich mag«, »ich möchte«.
5. Achte im Zusammensein mit den Menschen um dich herum auf einen Ausgleich zwischen Geben und Nehmen.
6. Praktiziere Selbstfürsorge über den ganzen Tag verteilt – kurze Momente, oft wiederholt.
7. Mach bewusst einige Male die Atmung, die du für die Geburt gewählt hast, und komm innerlich zu dir heim.
8. Praktiziere zweimal täglich eine Selbsthypnose oder Achtsamkeitsmeditation zu festgelegten Zeiten.
9. Meide schlechte Nachrichten, woher auch immer – zumindest bis nach der Geburt.
10. Höre bewusst Musik, die dir guttut. Singe dabei. Tanze und lache! Warte nicht auf Gründe dafür. Dein Wohlergehen ist Grund genug.
11. Finde jeden Abend mindestens drei Dinge, für die du dankbar bist, und schreib sie auf.
12. Vor dem Einschlafen sorge mit einer Meditation, einer Körperübung oder einem Song dafür, dich gut vom Tag zu verabschieden.

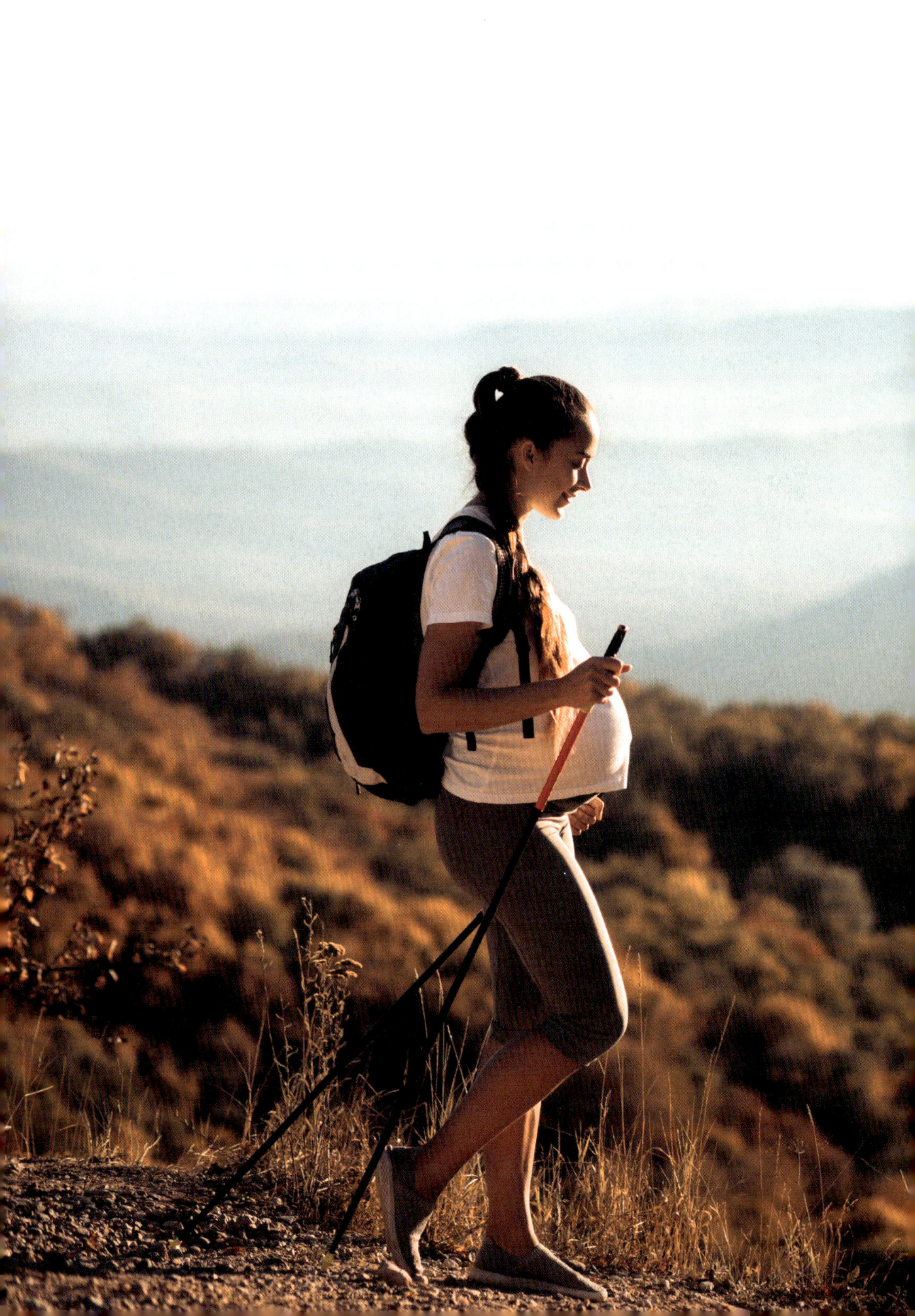

Wegsegen

In Schönheit gehe ich.

Mit der Schönheit vor mir gehe ich.

Mit der Schönheit hinter mir gehe ich.

Mit der Schönheit über mir gehe ich.

Mit der Schönheit um mich herum gehe ich.

Der Weg ist wieder Schönheit geworden.

ABSCHLUSSGEBET AUS DER WEGSEGNUNGSZEREMONIE
DER NAVAJO IN NORDAMERIKA

EINLADUNG: ERZÄHLE POSITIVES, TEILE ES MIT DER WELT

Der Neurowissenschaftler Rick Hanson beschreibt, dass unser Gehirn evolutionsbedingt wie mit einem starken Magneten für Gefahren ausgestattet (was dem Überleben der Spezies diente), für das Gute jedoch leider wie mit Teflon beschichtet ist. Unsere Aufmerksamkeit wird von schlechten Nachrichten angezogen, während die guten eher an uns abperlen und wir ihnen wenig bis keine Aufmerksamkeit schenken. Das heißt, für das Gute muss man sich bewusst und aktiv entscheiden. Man muss es sehen wollen, ihm seine Aufmerksamkeit aktiv zuwenden und es tagtäglich pflegen. Das ist Arbeit.

Auch habe ich den Eindruck, dass einer der Gründe, warum Frauen nicht über ihre positiven und ermutigende Geburtsgeschichten berichten, ist, dass sie sich dem Unglauben gegenübersehen, dass es so gut doch gar nicht gelaufen sein kann. Schließlich lebt die Medienlandschaft in unserer Gesellschaft vom Drama und so sind auch rund um Schwangerschaft und Geburt Risiko-, Problem- und Angstberichte gewohnter Alltag. Und weil wir Dingen mehr Glauben schenken, die zu unseren Vorurteilen und Ängsten passen, halten wir das Gute häufig gar nicht (mehr) für möglich und Frauen mit guten oder gar wundervollen Geburten für unglaubwürdig.

Wäre es nicht wunderbar, wenn in unserer Kultur mehr Frauen ihre positive Geburtsgeschichten weitergeben würden?

Oder Frauen schweigen, weil sie jenen, die einen Kaiserschnitt oder ein traumatisches Geburtserleben hatten, kein schlechtes Gewissen machen wollen, weil sie es »nicht hinbekommen« haben.

Aber wir Frauen brauchen noch viel mehr magische, ermutigende, bestärkende Geburtsgeschichten – als Vorbild, als Beispiel für das uns innewohnende Potenzial und unsere Kraft; um zu zeigen, dass Geburt wirklich ein wundervolles Ereignis sein kann. Als eine Art Leuchtturm, als lebender Beweis für alle diejenigen, die sich fragen, ob es nicht auch anders sein kann. Mit unseren guten Geschichten geben wir wichtige Informationen weiter. Über unsere Stärke und über die Kraft, die in den Kindern steckt. Wäre es daher nicht wunderbar, wenn in unserer Kultur mehr Frauen ihre positive Geburtsgeschichten weitergeben würden?

Deswegen meine Bitte und Einladung an dich: Teile deine Geschichte. Teile die positiven Aspekte ganz besonders. Sie sind wichtig. Für dich. Für dein Kind. Für andere Frauen. Und für die Kinder, die noch kommen. Danke.

NACHWORT

Dieses Buch ist das Ergebnis von mehr als dreizehn Jahren Arbeit für Hypno-Birthing. Auch wenn auf meinem Lebensweg immer die Begleitung und Stärkung von Frauen mein Anliegen gewesen war (und noch ist), so war der eigentliche Grund, war die stärkste Motivation, mich überhaupt mit HypnoBirthing zu beschäftigen, der Wunsch, meinen Enkelkindern und Schwiegertöchtern eine gute Geburtserfahrung zu ermöglichen. Dieser Wunsch ist zum dritten Mal mit der Geburt eines Enkels im Frühjahr 2022 vollends in Erfüllung gegangen. Und eigentlich könnte ich – als glückliche Großmutter – aufhören. Aber zu erleben, wie viele Frauen (und Männer) durch diese Arbeit gute, überwältigend schöne und manchmal sogar heilsame Erfahrungen machen; zu erleben, wie wunderbar Geburten verlaufen können, und die Geburts-Testimonials zu lesen, das berührt mich immer wieder sehr und lässt mich doch noch weitermachen. Ich hätte diese Größenordnung niemals zu träumen gewagt.

An die Großmütter

Ich habe dieses Buch meiner italienischen Großmutter Leonilda gewidmet. Ihr habe ich es zu verdanken, dass ich überhaupt in die Themenfelder Gebären und Sterben (Hospizarbeit) eingetaucht bin, was mir allerdings erst vor wenigen Jahren bewusst geworden ist. Aber wie hätte ich als junge Frau auch ahnen können, wo ich als Großmutter stehen würde.

Nonna Nilde (Nonna ist das italienische Wort für Großmutter) hatte sechs Kinder geboren, von denen drei kurz nach der Geburt und eines mit zwei Jahren gestorben waren. Was in der damaligen Zeit leider nicht unüblich war, die Säuglingssterblichkeit war hoch. Zumal das harte, einfache Leben, zunächst in der Kargheit der Dolomiten und später in einem Dorf am Comer See, den Frauen überhaupt viel abverlangte und sie mit ihrem Schmerz über die Verluste ihrer Kinder meist allein blieben. Selbst im hohen Alter konnte Nonna nicht über ihre Kinder sprechen, ohne zu weinen. Sie hatte – was für die damaligen Lebensumstände um 1930 äußerst unüblich war – von zwei der drei toten Neugeborenen kleine Fotos und im Wohnzimmer hing ein Bild vom nur zwei Jahre alt gewordenen Antonio, dessen Locke sie beim Erzählen jedes Mal hervorholte. Zugleich war diese nicht einmal einen Meter fünfzig große und zarte Frau ausgestattet mit einem unerschütterlichen Glauben und einer tiefen Spiritualität. Heute weiß ich, beides hat mich tief geprägt.

An ihrem Beispiel ist mir bewusst geworden, wie wichtig wir als Großmütter sein können. Wir »Alten« – Großmütter, Tanten, Schwiegermütter, Stiefmütter – wir alle sind Vorbilder für die jungen Frauen, die schwanger sind und gebären werden. Es liegt in unserer Verantwortung, sie zu stärken, ihnen Hoffnung zu geben und Zuversicht. Wir sind ihnen Vorbilder, so oder so. Bestenfalls heilen wir unsere eigenen (Geburts-)Wunden, denn alles, was wir heilen (oder nicht), hat Auswirkung auf unsere Töchter und Enkelkinder.

> Wir sind die, auf die wir gewartet haben.

Wir tun es auch aus Selbstfürsorge für uns und damit Leben gut weitergeht. Wenn nicht jetzt, wann dann? Wenn nicht wir, wer dann? Es gibt ein schönes Buch von Anne Wilson Schaef, dessen Titel – finde ich – gut hierher passt: *Es wird eine lange Zeit in Frieden und Wohlstand kommen – und sie wird eingeleitet von den Frauen*. Wir sind an einer existenziellen Stelle des Lebens wichtig, heute mehr denn je.

Wir sind die, auf die wir gewartet haben.

DANKE

Euch allen, die ich hier nicht einzeln aufzählen kann, die aber mir Lehrerinnen und Lehrer, Wegbegleiterinnen und Wegbegleiter gewesen seid.

»Meinem« Kösel-Team, allen voran meinen Lektorinnen Dr. Charlotte Rock und Dr. Diane Zilliges. Es ist eine Freude, mit Ihnen zusammenzuarbeiten.

Marie Mongan, ohne dich gäbe es kein HypnoBirthing und auch nicht all die anderen ähnlichen Kurse.

Ina May Gaskin für deine Inspiration zu diesem Buch.

Ralph, meinem Mann, für deine Größe, mit mir auf diesem Weg zu gehen. Manchmal den Kopf schüttelnd, manchmal begeistert und manchmal mich auf Händen durch das ein oder andere Stimmungstal tragend. Deine Unterstützung ist so unbeschreiblich wertvoll. Ohne dich hätte ich dieses Buch nicht schreiben können.

Daniel, Janina, Dario und Nadia, dafür dass es euch gibt und für die wundervollsten Enkelkinder der Welt.

Ursula, meine weise Seelenschwester und treue Weggefährtin, auch für deine nicht enden wollende Wertschätzung und dein Vertrauen in meine Arbeit.

Euch Eltern, die ihr Teil dieses Buches geworden seid, für den Mut, neue Wege zu gehen, eure Geschichten zu teilen und auf diesem Weg zu zeigen, wie gut Geburt sein kann.

Euch, unseren HypnoBirthing-2.0-Kursleiterinnen, die ihr als Teil der positiven Lösung lebt und durch eure Wirken zur Veränderung beitragt, die die derzeitige Geburtswelt so dringend braucht. Für die Kinder, die noch geboren werden.

Nonna Nilde, du hast mich im Stillen geführt und mir als Ahnin deine Segenskraft geschenkt für diesen Weg. Grazie Nonna.

GLOSSAR

Affirmationen: Sätze, die darauf ausgerichtet sind, sich in klaren Worten auf eine positive Geburtserfahrung einzustimmen, um den Glauben an sich selbst zu stärken, positive innere Dialoge zu führen, sich selbst zu fördern und zu unterstützen. Sie verankern sich durch wiederholtes Hören (am besten nebenher).

Drehbuch für die Geburt: Ein in eigenen Worten und mit den persönlichen Zielbildern formuliertes Drehbuch hilft, den Geburtsablauf immer wieder zu visualisieren und vor dem geistigen Auge abzuspielen. Man kann dieses Drehbuch immer wieder selbst lesen oder sich vom Partner vorlesen lassen und dabei in eine Trance gehen, um den Ablauf noch besser im Inneren zu verankern.

GebärCode: Ein in der DNA jedes weiblichen Säugetieres angelegtes, harmonisch aufeinander abgestimmtes Zusammenspiel zwischen Hormonen, Nervensystem, Gebärmutter und dem Organismus des Babys. Von Natur aus ist alles so perfekt miteinander verknüpft, dass am Ende eine gelungene Geburt steht (um den Arterhalt zu gewährleisten). Mit jedem Kaiserschnitt kann dieser Code eine Störung erfahren, die an die nächsten weiblichen Wesen weitergegeben werden kann.

Handshake: Diese Achtsamkeitsübung ist die wichtigste Wahrnehmungsübung und die Grundlage, um den Geist, das Denken zu beruhigen und in einen guten Kontakt mit dem Körper zu kommen. Sie verfeinert die Wahrnehmung dafür, was man denkt und fühlt, und lehrt, diese beiden Zustände unterscheiden zu können. Sie kann über den Kurs und die Geburt hinaus praktiziert werden. Regelmäßig angewendet, macht sie flexibler, gelassener und entspannter im Umgang mit dem, was innen wie außen geschieht. Die Haltung, die man dabei einübt, ist: »Ich nehme wahr, was ist (Phänomen). Auch das, was ich nicht will, was aber eben gerade ist. Ich reiche ihm innerlich kurz die Hand und begrüße es mit einem freundlichen Hallo. Dann lasse ich wieder los.«

Herz-Kohärenz-Atmung: Sie wurde am HeartMath-Institute in Kalifornien erforscht und entwickelt. Sie führt zu einem Zustand innerer Ruhe und Gelassenheit, der insbesondere in Situationen höchster Leistungsanforderung äußerst nützlich ist. Hilfreich zur Stressreduktion für den Vater im Geburtsraum und für die Mutter nach der Geburt im Alltag mit dem Kind. Bei dieser Atemtechnik, die für fünf bis sieben Minuten gemacht werden sollte, lenkt man seine Aufmerksamkeit auf das Herz. Zur Unterstützung berührt man es mit einer Hand oder beiden Händen. Der Atemfluss sollte langsamer und tiefer werden. Atemrhythmus: je drei bis fünf Sekunden für das Ausatmen und für das Einatmen. Währenddessen stellt man sich vor, dass er aus dem Herzen heraus- und wieder hineinfließt. Verstärkt wird der Effekt, wenn man angenehme Gefühle aktiviert, zum Beispiel indem man sich an ein freudiges Erlebnis erinnert oder ein Gefühl wie Wertschätzung für irgendetwas oder irgendjemanden, Dankbarkeit, Zuneigung, Mitgefühl oder Freude aktiviert.

Hypnose: Eine der ältesten mentalen Methoden (von Schamanen, Medizinmännern und früher auch Hebammen genutzt). Sie wird heute beispielsweise im Sport zur Leistungssteigerung wie auch in der Therapie zu Heilungszwecken eingesetzt. Ihre Wirksamkeit ist wissenschaftlich gut belegt, wobei zwar nachgewiesen werden kann, dass sie wirkt, aber nicht bekannt ist, wie. Mit Hilfe von Hypnose wird ein Trancezustand eingeleitet. Hypnose hatte bis zum Einsatz von Äther einen festen Platz auch in der Geburtshilfe. In einer Geburtsvorbereitung mit Hypnose können Schwangere lernen, mehr Kontrolle über ihre Körperfunktionen wie auch Emotionen zu entwickeln, sie benötigen während der Geburt weniger chemische oder operative Interventionen und erleben eine kürzere Geburt. Das führt auch dazu, dass sie nach der Geburt fitter und besser bei Kräften sind. Besonders interessant ist, dass Hypnose eine deutliche, zum Teil vollständige Schmerzreduktion bewirken kann, der Blutverlust nach Ausstoßung der Plazenta verringert ist, die Mutter sich nach der Geburt schneller erholt, sogar der Milchfluss angeregt und das Stillen erleichtert wird. Unter www.hypnobirthinginstitut.de findest du kostenlose Hypnosen zum Download.

J-Atmung: Auch Ja- oder Geburtsatmung genannt, zur Unterstützung des natürlichen Geburtsreflexes (Fetus Ejection Reflex) in der Geburtsphase, der Teil des in der weiblichen DNA angelegten GebärCodes ist.

Rebozo-Tuch: Ein etwa 250 mal 70 Zentimeter großes Tuch, ein traditionelles Hilfsmittel in der Geburtsvorbereitung mexikanischer Hebammen. In Europa – vor allem bei den niederländischen Hebammen – bereits fester Bestandteil in der Geburtsarbeit. Die Einsatzmöglichkeiten sind zum Beispiel bei Schwangerschaftsbeschwerden zur Entlastung des unteren Rückens, um die Kindslage zu verändern, um während der Geburt die Wellen anzuregen oder die Geburtsposition zu unterstützen.

Ruheatmung: Auch Entspannungsatmung oder 4-8er-Atmung genannt, dient durch Entspannung und Regeneration zwischen den Wellen zur Tranceeinleitung sowie zur Aktivierung des Parasympatikus und damit zur Anreicherung des Endorphindepots. Hauptmerkmal ist eine verlängerte, vertiefte Ausatmung (auf vier ein-, auf acht ausatmen). Das bewirkt eine Verlangsamung der Hirnfrequenz, was dazu führt, dass die Neuronen langsamer »feuern«. Die Ruheatmung ist auch im Alltag hilfreich zur schnellen Stressreduktion. Je öfter angewandt, desto stärker verankert sie sich im autonomen Nervensystem und desto schneller wirkt sie.

Trance ist der Zustand, der während der Geburt natürlicherweise eintritt. Wichtig ist zwischen Hypnose als Werkzeug/Verfahren und Trance als Zustand zu unterscheiden. Trance wird mittlerweile als sogenannter dritter Alltagszustand/Bewusstseinszustand angesehen, als eine völlig normale und natürliche Funktion des Gehirns (möglicherweise als Schutz vor Überlastung). Wissenschaftler gehen davon aus, dass wir mehrfach am Tag für kurze Zeit, manchmal nur einige Sekunden lang, in Trance gehen. Auf jeden Fall erleben wir diesen Zustand, wenn wir kurz mal abschalten, in ein Buch oder einen Film vertieft sind, einem Vortrag lauschen, tagträumen und vor allem beim Aufwachen und Einschlafen.

Weil das Unterbewusstsein in Trance offener und zugänglicher ist, kann man diesen Zustand nutzen, um zum Beispiel Gewohnheiten zu verändern, Ziele zu erreichen, Sportleistungen zu erhöhen, Schmerzen zu lindern oder eben eine positive Schwangerschaft und Geburt anzuvisieren.

Wellenatmung: Auch 22er-Atmung oder Ballonatmung, hilft bei der Verdünnungs- und Öffnungsphase während der Wellen. Hierbei wird mit Anfluten der Welle auf 22 ein- und bei Abflauen erneut auf 22 ausgeatmet. Zur Fokussierung und optimalen Versorgung mit Sauerstoff von Mutter und Kind während der Wellen und damit auch zur Öffnung des Geburtsweges.

ADRESSEN UND LITERATUR

Kursleiterinnen, die ihre persönlichen Erfahrungen und Berichte geteilt haben

Ich habe für dieses Buch viel mehr wundervolle und stärkende Geschichten erhalten, als wir hier abdrucken konnten. Der Pool ist noch viel größer. Doch hier sind alle Kursleiterinnen genannt, die mir Geschichten übergeben haben.

Louise Belloso Castelló

HypnoBirthing-2.0-Kursleiterin, Neuroathletik Trainerin, Spiraldynamik® Fachkraft, Yogalehrerin (YACEP Yoga Alliance)
53123 Bonn, Telefon: 0178 6 134 903
www.yogabelloso.com

Beate Dürr

HypnoBirthing-2.0-Kursleiterin, Prä- und Postnatale Yogalehrerin
Weiherstraße 28, 87730 Bad Grönenbach
Telefon: 0157 32 573 680
www.lieblingsgeburt.de, info@lieblingsgeburt.de

Anna Heller

HypnoBirthing-2.0-Kursleiterin, Stoffwindel-Beraterin mit Onlineshop, Windelfrei-Beraterin, Fachkraft Baby led weaning, NappyChange-Beraterin, Wickelkurse, Beikost usw.
8634 Hombrechtikon, Schweiz, Telefon: 0041 774 744 734
www.gluecksbaby.ch,
anna@gluecksbaby.ch

Antje Heidrich

HypnoBirthing-2.0-Kursleiterin, Selbstwirksamkeits-Coach und Komplizin auf der Reise zu deinen Stärken, »babySignal – mit den Händen sprechen«-Kursleiterin
76135 Karlsruhe, Telefon: 0157 58 298 480
www.lotsinn.de, hallo@lotsinn.de

Daniela Höfer

Hypnobirthing 2.0 Kursleiterin, Schauspielerin, Kommunikations- und Tanztrainerin
63925 Laudenbach, Telefon 0157-364 900 37
daniela@hypnobirthing-hoefer.de
www.hypnobirthing-hoefer.de

Sonja Kath
HypnoBirthing-2.0-Kursleiterin, Prä- und Postnatale Yogalehrerin
www.kugelglueck.de, info@kugelglueck.de

Janina Kouvaris
HypnoBirthing-2.0-Kursleiterin, Managerin (Business Development & PR)
Siedlungsstraße 1, 76 571 Gaggenau
Telefon: 0170 6 820 879
Janina.kouvaris@posteo.de

Elisabeth Krayss
HypnoBirthing-2.0-Kursleiterin Stoffwindelberaterin, Pflegefachfrau
Basel, Schweiz
elisabeth@wurzelbaby.ch

Svenja Lind
HypnoBirthing-2.0-Kursleiterin, Hebamme, Heilsame Frauenrituale in der Schwangerschaft (Motherblessing) und nach der Geburt
Bahnhofstraße 14, 87435 Kempten
Telefon: 0176 32 681 321
www.erdenlicht.de
hypnobirthing-svenja.lind@gmx.de

Beatrice Mezler
Doula und Aromatherapiepraxis für Frauen
Hofferichstraße 20, 76646 Bruchsal
Telefon: 07251 3082
beatrice@sanft-ins-leben.de

Katrin Noller
HypnoBirthing-2.0-Kursleiterin
76571 Gaggenau, Telefon: 0160 8 853 115
www.katrinnoller-hypnobirthing.de
info@katrinnoller-hypnobirthing.de

Freya Pernitzki
HypnoBirthing-2.0-Kursleiterin, Doula, Yogalehrerin (Prä- und Postnatal), Begleitung von Schwangerschaft und Geburt nach Trauma, Sternenkindbegleitung, Coaching
Hauptstraße 66, 72127 Kusterdingen
Telefon: 0177 5 458 748

Sarah Preiser
HypnoBirthing-Kursleiterin mit Herz
Schneckenhalde 38, 79793 Horheim
Telefon: 01742 736 791
sarah.preiser.hypnobirthing@gmail.com

Carina Prinz
Kursleiterin für HypnoBirthing 2.0, Babymassage, Mama-Entspannung
Gotenstraße 21, 86830 Schwabmünchen
Telefon: 0176 56 524 414
www.hypnobirthing-carinaprinz.de
hypnobirthing-carinaprinz@mail.de

Sandra Sahin
HypnoBirthing-Gedankenwerkstatt; Kinderkrankenschwester
Rosenhügel 6, 79599 Wittlingen
Telefon: 0152 38 507 102
www.hypnobirthing-gedankenwerkstatt.de
hypnobirthing.sandra@gmail.com

Dr. med. Antje Ulmer
Praxis für Lebensenergie, Ärztin, HypnoBirthing-2.0-Kursleiterin
Marie-Alexandra-Straße 34, 76135 Karlsruhe
Telefon: 0721 530 7088
www.antje-ulmer.de
praxis@antje-ulmer.de

HypnoBirthing Institut

HypnoBirthing Institut Deutschland
Lärchenweg 4, 76571 Gaggenau-Michelbach
Telefon: 07225 913170
www.hypnobirthing-institut.de
info@hypnobirthing-institut.de

Mehr zu HypnoBirthing 2.0 findest du
- Im Buch *Mama werden mit HypnoBirthing. So bringst du dein Baby vertrauensvoll in die Welt*, Kösel. Mit Audio-Downloads
- Bei unseren Kursleiterinnen. Einige Adressen findest du auf den Seiten zuvor in diesem Buch und auf unserer Homepage www.hypnobirthing-institut.de/Kurleiterinnen
- Auf meinem YouTube-Kanal https://www.youtube.com/@hypnobirthing2.0
- Sämtliche Audio Downloads zu diesem Buch und zu *Mama werden mit HypnoBirthing* findest du unter https://hypnobirthing-institut.de/downloads/

Weitere Adressen und Links

Arbeitskreis Frauengesundheit
http://www.akf-info.de/
Was brauchen Frauen zur Vorbereitung auf eine normale Geburt: Einlegeblatt für den Mutterpass

Dr. Ute Taschner
www.geburt-nach-kaiserschnitt.de

Doulas
Deutschland: www.doula-verbund-deutschland.de, www.doula-info.de,
https://www.doulaschule-maja.de/
Schweiz: www.doula.ch
Österreich: www.doula.at

Geburtsallianz und Gesellschaft für Geburtsvorbereitung
www.geburtsallianz.at/ziele-2/
Zum Thema Geburtseinleitung:
www.geburtsallianz.at/kuenstliche-einleitung/
www.gfg-bv.de/

Green Birth e.V. Wege zur Geburt – natürlich bewusst
www.greenbirth.de
Hier gibt es unter anderem eine Broschüre zum Thema »Aktiv gebären gibt Stärke«. Und Frauen berichten über ihre klinischen und außerklinischen Geburtserfahrungen.

Pro Familia
Informationen und Beratung auch zum Thema Schwangerschaft und Geburt
www.profamilia.de

Roses Revolution
https://rosesrevolutiondeutschland.de/Ueber-uns/
https://traumageburtev.de/Erstkontakt-Bitte-lesen/Wichtige-Informationen-zur-Benutzung-unserer-Seite/

Zappenduster
www.gerechte-geburt.de/home/roses-revolution/

Eine Auswahl an schönen Filmen mit guten Geburtserfahrungen

Auch hier wurden alle Links zuletzt am 11. April 2023 abgerufen.

Natural Homebirth with Midwife | Delivered by Big Sister! | Positive Birth Experience | Waterbirth
www.youtube.com/watch?v=ENvzVKnd8NI

Violet's Birth Story
https://vimeo.com/146731421

Mom Dad Catch Baby
www.youtube.com/watch?v=hk9HEZWLcgY&list=PLd7yk5_mDakQ8QxomLmVImdFaY2jF_MTQ&index=4

Empowering Home HypnoBirth of Ewan
www.youtube.com/watch?v=CHGA7qrHGbc

Two beautiful births
www.youtube.com/watch?v=WkWbTEePwdQ

Birth Videos
https://aucklandhypnobirthing.co.nz/birth-videos/

Natural Birth Elizabeth Sings at 10 cm
www.youtube.com/watch?v=r-eW2miJN7U

Woman Sings While In Labor
www.youtube.com/watch?v=z3WA9iHz5ww

Beautiful Singing during Labor
www.youtube.com/watch?v=4N4iqBzc3DE

Singing »How Beautiful« while in labor with 5th child
www.youtube.com/watch?v=u7DInhD6F5g

Birth story of Hannah and Phoebe Hackney – Twin breech home birth
www.youtube.com/watch?v=T91HYH_7xck

surprise twin home birth
www.youtube.com/watch?v=-zGO1EU2Ppo

Leseempfehlungen

Achterberg, Jeanne: Rituale der Heilung. Die Kraft von Phantasiebildern im Gesundungsprozess. Goldmann

Dies.: Die heilende Kraft der Imagination. Heilung durch Gedankenkraft. Scherz

Dies.: Das Feuer der Seele neu entfachen. Vortrag, Auditorium

Dies.: Die Frau als Heilerin. Die schöpferische Rolle der heilkundigen Frau in Geschichte und Gegenwart. Goldmann

Dies.: Gedanken heilen. Rowohlt

Alman, Brian M. / Lambrou, Peter T.: Selbsthypnose. Ein Handbuch zur Selbsttherapie. Carl-Auer

Bauer, Joachim: Gedächtnis des Körpers. Wie Beziehungen und Lebensstile unsere Gene steuern. Piper

Ders.: Warum ich fühle, was du fühlst. Intuitive Kommunikation und das Geheimnis der Spiegelneuronen. Hoffmann & Campe

Bechara, Antoine; Naqi, Nasir: Listening to your heart. Interoceptive awareness as a gateway to feeling. Nature Neuroscience, 7(2):102–3, March 2004. https://www.researchgate.net/publication/8898892_Listening_to_your_heart_Interoceptive_awareness_as_a_gateway_to_feeling (zuletzt abgerufen am 11. April 2023)

Bongartz, Walter und Bärbel: Hypnosetherapie. Hogrefe

Broers, Dieter: Verschlusssache Zirbeldrüse. Dieter Broers

Chade-Meng Tan: Search inside yourself. Optimiere dein Leben durch Achtsamkeit. Goldmann

Chamberlain, David: Woran Babys sich erinnern. Die Anfänge unseres Bewusstseins im Mutterleib. Kösel

Cuddy, Amy: Ohne Worte alles sagen. Mit Körpersprache überzeugen. Der millionenfach geklickte TED Talk. Goldmann

Dies.: Dein Körper spricht für dich. Von innen wirken, überzeugen, ausstrahlen. Mosaik

Dies.: TED Talk. Ihre Körpersprache beeinflusst, wer Sie sind. www.youtube.com/watch?v=XTfOA3XwkY0 (zuletzt abgerufen am 11. April 2023)

Davies, Elizabeth; Pascali-Bonaro: Orgasmic Birth. Rodale

De Jong, Theresia Maria; Kemmler, Gabriele: Kaiserschnitt. Wie Narben an Bauch und Seele heilen können. Kösel

Dibbern, Julia: Geborgene Babys. Edition Anahita

Dick-Read, Grantly: Mutterwerden ohne Schmerz. Die natürliche Geburt. Hoffmann und Campe

Dispenza, Joe: Du bist das Placebo. Koha

Ders.: Ein neues Ich. Wie Sie Ihre gewohnte Persönlichkeit in vier Wochen wandeln können

Ders.: Schöpfer der Wirklichkeit. Koha

Ensel, Angelica; Möst, Maria Anna; Strack, Hanna (Hrg.): Momente der Ergriffenheit. Begleitung werdender Eltern zwischen Medizintechnik und Selbstbestimmtheit. Vandenhoeck & Ruprecht

Eirich, Martina: Luxus Privatgeburt – Hausgeburten in Wort und Bild. Stolze Mütter über die Kunst des Gebärens in den eigenen vier Wänden. Eine fotografische Liebeserklärung an Hausgeburt und neue Weiblichkeit. Edition Riedenburg

Franke-Gricksch, Nicole: Atmung bewegt Herzschlag. https://hrv-herzratenvariabilität.de/2016/03/atmung-bewegt-herzschlag/#_edn1 (zuletzt abgerufen am 11. April 2023)

Franke, Tara: Geburt in Bewegung – die Kräfte nutzen. Elwin Staude

Gaskin, Ina May: Spirituelle Hebammen. Hugendubel

Dies.: Die selbstbestimmte Geburt. Kösel

Dies.: Birth matters. A midwife's manifesta. 7 Stories Press

Goleman, Daniel: Emotionale Intelligenz. dtv

Ders.: Konzentriert Euch! Eine Anleitung zum modernen Leben. Piper

Grüber, Isa: Resilienz. Dein Körper zeigt dir den Weg. Irisiana

Hahn-Holbrook, Jennifer: Die psychischen Effekte des Stillens. https://tghncollections.pubpub.org/pub/8-die-psychischen-effekte-des-stillens/release/1 (zuletzt abgerufen am 11. April 2023)

Hanf-Dressler, Katharina & Nikolai: Angstfrei durch Selbsthypnose. Allegria

Hansen, Ernil: Positive Worte helfen – sogar während der Narkose. Springer

Ders.: Worte wie Medizin bei Schmerz. Haug

Zum Selben: Worte können heilen, aber auch wehtun: Mediziner Ernil Hansen sensibilisiert für Nocebo-Effekt. In: Südkurier 26. November 2018

Hanson, Rick: Das Gehirn eines Buddha. Die angewandte Neurowissenschaft von Glück, Liebe und Weisheit. Arbor

Ders.: Denken wie ein Buddha. Gelassenheit und innere Stärke durch Achtsamkeit. Irisiana

Ders.: Just one Thing. So entwickeln Sie das Gehirn eines Buddha. Arbor

Hay, Louise: Wahre Kraft kommt von innen. Allegria

Hildebrandt, Sven: Verborgene Wahrheiten. Der verantwortungsvolle Umgang mit Erinnerungen aus unserer frühesten Lebenszeit. Mattes

Hildebrandt, Sven; Blazy, Helga; Schacht, Johanna (Hrsg.): Schwangerschaft und Geburt prägen das Leben, Mattes

Diess.: Wurzeln des Lebens. Die pränatale Psychologie im Kontext von Wissenschaft, Heilkunde, Geburtshilfe und Seelsorge. Mattes

HeartMath Institute: Thinking from the Heart – Heart Brain Science: https://noeticsi.com/thinking-from-the-heart-heart-brain-science/ (zuletzt aberufen am 11. April 2023)

Dass.: Die intuitive Intelligenz des Herzens. Ein Weg zur persönlichen, sozialen und globalen Kohärenz. https://www.youtube.com/watch?v=IXzdQeCV42Q (zuletzt abgerufen am 11. April 2023)

Heimhard, Heide Marie: Sacred Woman. Die Erweckung der weiblichen Urkraft. Vivita

Heinkel, Bianca, Kornetzky, Jahri G.: Mama werden mit HypnoBirthing. Kösel

Hölzel, Britta K., et al.: Mindfulness practice leads to increases in regional brain gray matter denisty. Psychiatry Res. 2011 Jan 30;191(1):36–43

Hölzel, Britta; Brähler, Christine: Achtsamkeit mitten im Leben. Anwendungsgebiete und wissenschaftliche Perspektiven. O. W. Barth

Horni-Dereani, Petra: Geboren im Schutz der großen Göttin. Druids Equipement

Hüther, Gerald: Die Macht der inneren Bilder. Wie Visionen das Gehirn, den Menschen und die Welt verändern. Vandenhoeck & Ruprecht

Hüther, Gerald; Weser, Ingeborg: Das Geheimnis der ersten neun Monate. Unsere frühesten Prägungen. Walter

Janus, Ludwig: Der Seelenraum des Ungeborenen. Pränatale Psychologie und Therapie. Walter

Kabat-Zinn, Jon: Gesund durch Meditation. Das große Buch der Selbstheilung. Fischer

Kölsch, Stefan: Good Vibrations. Die heilende Kraft der Musik. Ullstein

Ders.: Die dunkle Seite des Gehirns. Wie wir unser Unterbewusstes überlisten und negative Gedankenschleifen ausschalten. Ullstein

Kopf, Alexandra: Traumgeburt. Gelassenheit, Entspannung und Schmerzkontrolle durch Selbsthypnose. Carl Auer

Leboyer, Frédérick: Atmen, singen, gebären. Walter

Lipton, Bruce: Wie wir werden, was wir sind. DVD. Koha

Ders.: Der Geist ist stärker als die Gene. Koha

Lorenz-Wallacher, Liz: Schwangerschaft, Geburt und Hypnose. Selbsthypnosetraining in der modernen Geburtsvorbereitung. Carl Auer

Lütje, Wolf: Vertrauen in die natürliche Geburt. Gelassen und entspannt in den Kreißsaal. Kösel

Machini, Anna: Papa werden. Die Entstehung des modernen Vaters. Kunstmann

McTaggart, Lynne: Die Kraft der Acht. Wie die Intention einer kleinen Gruppe unser Leben heilen und die Welt verändern kann. Trinity

Messager, Sophie: Was im Wochenbett wichtig ist. Magas

Mongan, Marie: HypnoBirthing. Der natürliche Weg zu einer sicheren, sanften und leichten Geburt. Mankau

Dies.: Göttinnen altern nicht. Wie wir der Zeit die Macht nehmen, indem wir uns für die Fülle des Lebens entscheiden. Goldmann

Dies.: Vom Schatten ins Licht. Entlarve und befreie dich von den Energieräubern in deinem Leben. Zabert Sandmann

Dies.: Weisheit. Die ureigene Mitte finden. Arkana

Moberg, Kerstin Uvnäs: Oxytocin, das Hormon der Nähe. Springer Spektrum

Moser, Doris: Der überwachte Bauch. Wie viel ärztliche Schwangerenvorsorge brauche ich wirklich? Edition Riedenburg

Northrup, Christiane: Frauenkörper, Frauenweisheit. Wie Frauen ihre ursprüngliche Fähigkeit zur Selbstheilung wiederentdecken können. Zabert Sandmann

Odent, Michel: Im Einklang mit der Natur. Neue Ansätze der sanften Geburt. Walter

Ders.: Generation Kaiserschnitt. Kösel

Ders.: Es ist nicht egal, wie wir geboren werden. Risiko Kaiserschnitt. Walter

Ott, Ulrich: Meditation für Skeptiker. Ein Neurowissenschaftler erklärt den Weg zum Selbst. Knaur MensSana

Ders.: Spiritualität für Skeptiker. Wissenschaftlich fundierte Meditationen für mehr Bewusstheit im Alltag. O. W. Barth

Palmer, Gabrielle: Warum Stillen politisch ist. Magas

Pascali-Bonaro, Debra; Davis, Elisabeth: Orgasmic Birth. Rodale Books

Pert, Candice: Moleküle der Gefühle. Körper Geist und Emotion. Rowohlt

Peseschkian, Nosfarat: Das Geheimnis des Samenskorns. Positive Stressbewältigung. Fischer

Planet Wissen: Wie Meditation das Gehirn umbaut. https://www.youtube.com/watch?v=uUTCtexFULU&t=572s (zuletzt abgerufen am 11. April 2023)

Rankin, Lissa: Mind over Medicine. Warum Gedanken oft stärker sind als Medizin. Wissenschaftliche Beweise für die Selbstheilungskraft. Kösel

Rauscher, Matthias: Hypnose wirkt! Springer

Revenstorf, Dirk; Zeyer, Reinhold: Hypnose lernen. Leistungssteigerung und Stressbewältigung durch Selbsthypnose. Carl Auer

Rosendahl, Nora: The Book of You. Food, Mind, Move, Love. Mit kleinen Schritten zur Veränderung. Mosaik

Rumpel, Kristina Marita: Flowbirthing. Geboren aus einer Welle der Freude. Mankau

Schaef, Anne: Es wird eine lange Zeit in Frieden und Wohlstand kommen – und sie wird eingeleitet von den Frauen. Die essenzielle Rolle der Frauen beim Finden persönlicher und planetarer Lösungen. Vollenweider

Schlotz, Sabine: Bauchgeflüster. Schwangerschaftsrituale für eine innige Mutter-Kind-Beziehung. Trias

Shiva Riu: Ein fliegender Vogel blickt nie zurück. Die Freiheit nach dem Loslassen. Scorpio

Siegel, Dan: Das achtsame Gehirn. Arbor

Singer, Wolf; Ricard, Matthieu: Hirnforschung und Meditation. Ein Dialog. Suhrkamp

Storch, Maja, et al. (Hrsg.): Embodiment. Die Wechselwirkung von Körper und Psyche verstehen und nutzen. Huber

Taschner, Ute: Meine Wunschgeburt. Selbstbestimmt gebären nach Kaiserschnitt. Edition Riedenburg

Dies.: Natürliche Geburt nach Kaiserschnitt. Praxis-Wissen von der Ärztin. Edition Riedenburg

Texier, Martine: Der weibliche Weg. Kraftvolle Rituale und Übungen für Schwangerschaft und Geburt. Mankau

Weigert, Vivian; Lütje, Wolf: Das große Mama-Handbuch. Alles über Schwangerschaft, Geburt und das erste Jahr. Kösel

Yoshimura, Tadashi: Joyous childbirth changes the world. 7 Stories Press

ANMERKUNGEN

1 Prof. Dr. Alfred Rockenschaub, zwanzig Jahre Leiter der Ignaz-Semmelweis-Klinik in Wien, mit einer Sectiorate von 1 Prozent. Großer Kritiker des »medizinischen Establishments«. https://forum.sexualaufklaerung.de/archiv/2005/ausgabe-2/die-frauen-koennen-es-man-laesst-sie-nur-nicht/ (zuletzt abgerufen am 11. April 2022).

2 Aus Shonda Moralis: Achtsamkeit für Superfrauen. Copress.

3 https://forum.sexualaufklaerung.de/archiv/2005/ausgabe-2/die-frauen-koennen-es-man-laesst-sie-nur-nicht/ (zuletzt abgerufen am 1. April 2022).

4 Gefunden hier: https://m.facebook.com/alexa.doula/photos/a.112598503594296/166223581565121/?type=3&paipv=0&eav=AfYauWJoTdmREzfpSXQGzxsQqmkyYOaOIH1kuNPg1jfuGcLlP0SQqeKUiAYk_akHpBY&_rdr (zuletzt abgerufen am 11. April 2023).

5 Sehr gut wiedergegeben, beispielsweise in Northrup, Christiane: Frauenkörper, Frauenweisheit. Wie Frauen ihre ursprüngliche Fähigkeit zur Selbstheilung wiederentdecken können. Zabert Sandmann

6 Amy Cuddy at TED: Ihre Körpersprache beeinflusst, wer Sie sind. https://www.youtube.com/watch?v=Ks-_Mh1QhMc (zuletzt abgerufen am 11. April 2022).

7 Liz Lorenz-Wallacher: Schwangerschaft, Geburt und Hypnose. Hypnoaktive Geburtsvorbereitung. Carl Auer, Seite 80 f.

8 Anita L Gadberry: Steady beat and state anxiety. https://pubmed.ncbi.nlm.nih.gov/22097102/ (zuletzt abgerufen am 11. April 2022).

9 www.singende-krankenhaeuser.de (zuletzt abgerufen am 11. April 2023)

10 Gaskin, Ina May: Spirituelle Hebammen. Hugendubel, Seite 57.

11 Siehe beispielsweise: Dokumentarfilm von Toni Harman, »Microbirth. Der größte Moment«. Oder: Stiftung Kindergesundheit: Der Trend zum Kaiserschnitt und seine

Folgen fürs Kind. https://www.familien-handbuch.de/eltern-werden/rund-um-die-geburt/DerTrendzumKaiserschnitt.php (zuletzt abgerufen am 11. April 2023).

12 https://www.quag.de/quag/empfehlungen.htm (zuletzt abgerufen am 11. April 2023).

13 https://www.esanum.de/today/posts/usa-als-hebamme-in-einem-land-ohne-hebammen (zuletzt abgerufen am 11. April 2023).

14 https://www.swissmomforum.ch/viewtopic.php?t=194659 (zuletzt abgerufen am 11. April 2023).

15 https://www.quag.de/ (zuletzt abgerufen am 11. April 2023).

16 Zitiert nach Christiane Northrup: Frauenkörper, Frauenweisheit, Zabert Sandmann; Seite 419.

17 https://www.youtube.com/watch?v=5sqGWUeLoTs (zuletzt abgerufen am 11. April 2023).

18 https://www.livingintuitivecounseling.com/creating-baby-altar/ (zuletzt abgerufen am 11. April 2023).

19 https://www.spektrum.de/wissen/dmt-das-staerkste-halluzinogen-der-welt/1604558 (zuletzt abgerufen am 11. April 2023).